BEI GRIN MACHT SICH IHR WISSEN BEZAHLT

- Wir veröffentlichen Ihre Hausarbeit,
  Bachelor- und Masterarbeit

- Ihr eigenes eBook und Buch -
  weltweit in allen wichtigen Shops

- Verdienen Sie an jedem Verkauf

Jetzt bei www.GRIN.com hochladen
und kostenlos publizieren

Bibliografische Information der Deutschen Nationalbibliothek:

Die Deutsche Bibliothek verzeichnet diese Publikation in der Deutschen National-
bibliografie; detaillierte bibliografische Daten sind im Internet über http://dnb.d-
nb.de/ abrufbar.

Impressum:

Copyright © 2015 GRIN Verlag, Open Publishing GmbH
Druck und Bindung: Books on Demand GmbH, Norderstedt Germany
ISBN: 978-3-668-16239-6

Dieses Buch bei GRIN:

http://www.grin.com/de/e-book/317029/interpretationen-zu-georg-buechners-
woyzeck-hintergruende-zum-werk

Mike G.

Interpretationen zu Georg Büchners "Woyzeck". Hintergründe zum Werk, Untersuchung aller Szenen und Hauptfiguren sowie weiterführende Analysen

GRIN Verlag

GRIN - Your knowledge has value

Der GRIN Verlag publiziert seit 1998 wissenschaftliche Arbeiten von Studenten, Hochschullehrern und anderen Akademikern als eBook und gedrucktes Buch. Die Verlagswebsite www.grin.com ist die ideale Plattform zur Veröffentlichung von Hausarbeiten, Abschlussarbeiten, wissenschaftlichen Aufsätzen, Dissertationen und Fachbüchern.

Besuchen Sie uns im Internet:

http://www.grin.com/

http://www.facebook.com/grincom

http://www.twitter.com/grin_com

Woyzeck

Vorwort und Erläuterungen

Die folgenden, geschilderten Sachverhalte basieren auf eine Vielzahl von Universitätsprotokollen, Doktorarbeiten und Unterrichtsmaterial eines Gymnasiums. Die hier ausgeführten Erläuterungen entsprechen größtenteils den gängigen Meinungen und Ansichten renommierter Professoren und Fakultäten. Dennoch wurden auch eigene Überlegungen miteinbezogen, welche nicht zwangsläufig von führenden Geschichts- und Literaturwissenschaftlern vertreten werden müssen. An dieser Stelle sollte die Bedeutung der einzelnen Pfeiltypen erwähnt werden. Während ein einfacher Pfeil (→) eine Schlussfolgerung oder einen Verweis enthält, welcher direkt und unmittelbar aus dem vorigen Satz oder Obergruppe entnommen wurde, so bedeutet ein doppelter Pfeil (=>) eine Schlussfolgerung oder Zusammenfassung eines längeren Abschnittes der Analyse. Die Reihenfolge der Szenen, die vorkommenden Ereignisse sowie die Seiten- und Zeilenangaben wurden der „Reclam© XL – Text und Kontext[1]" Fassung des Fragmentes Woyzeck entnommen. Es wurde unter anderem als Sekundärliteratur auf die „Königs Erläuterungen[2]" des Bange Verlages sowie auf die historischen Clarus Gutachten[3] zurückgegriffen. Des Weiteren ist diese Arbeit vor dem Hintergrund der Werke von Sören Meyer, Alexander Skrzipczyk, Maik Bubenzer, MA Annette Wallbruch, Anne-Katrin Otto, Maria Schmid, Anja Fehrmann, Doreen Fräßdorf, Christian Hauck, Sarah Till, René Ferchland, Fabian Rink, Anja Menge und einer Vielzahl anonymer Autoren entstanden.

Überblick

1   Reclam© XL – Text und Kontext (ISBN: 978-3-15-019018-0)
2   Königs Erläuterungen von Büchners Woyzeck (ISBN: 978-3-8044-1916-2)
3   Die Zurechnungsfähigkeit des Mörders Johann Christian Woyzeck, Quelle Wikisource.org, aufgerufen im Mai 2015

1. **Hintergründe zum Werk.**

1.1 Woyzeck – Das Fragment.

- Durch Büchners frühen Typhus Tod wurde sein Werk nicht vervollständigt.
- Vier unterschiedliche Handschriften spiegeln die einzelnen Arbeitsschritte wider.
- Fragment enthielt viele neuartige Stilmittel, weshalb es etwas Neues in der damaligen Literatur darstellte und das Denken, Schaffen sowie den Stil der deutschen Literaten nachhaltig beeinflusste.
- **Im 18. Jahrhundert** beschäftigte sich das bürgerliche Trauerspiel mit dem 3. Stand.
  - Woyzeck enthält Gattungskonventionen des bürgerlichen Trauerspiels, welche im Sinne eines Sozialdramas umgeschrieben wurden.
    - Darin findet sich eine Analyse / Kritik der Gesellschaft zu **Beginn des 19. Jahrhunderts**.
      => Vorläufer der Proletarierkomödie.
- Die bürgerliche Gesellschaft entwickelt sich zur wirtschaftsliberalen Gesellschaft.
  - Verschiebung von Stand zur Klasse, neu organisiert durch z.B. naturalistische Geschlechtermodelle.
- **Im 19. Jahrhundert** entsteht deshalb das Sozialdrama, welches den 4. Stand thematisiert.
- Nicht länger der Standesunterschied, sondern die wirtschaftlichen Verhältnisse lösen den Konflikt aus.

→ Büchner behandelt die Wirtschaft nicht politisch.
- In Szene 5 wird Tugend (zentraler Begriff der bürgerlichen Gesellschaft) an Wirtschaft geknüpft.
  → Nicht länger Tugendethos, sondern Wirtschaft teilt in soziale Schichten ein.
- Eine Gemeinsamkeit des bürgerlichen Trauerspiels und des Sozialdramas ist der Fokus auf das Familienleben, man wendet sich von privaten zu politisch-relevanten Themen.
- Fallhöhe des Protagonisten wird in Woyzeck revolutioniert.
- Büchner vermeidet den traditionellen Kampf zwischen Woyzeck und dem Tambourmajor beinahe vollständig.

1.1.1 Dramentheorie nach Aristoteles (= geschlossenes Drama).

- Aufgabe des Dramas: *Mimesis* = Nachahmung der Wirklichkeit durch Sprache.
- Dabei sind zu beachten:
  1. Die formale Struktur (Freytags Pyramidenschema (I Exposition, II steigende Handlung, III Peripetie, IV retardierender Moment, V Katastrophe).
  2. Die *drei Einheiten*: Einheit des Ortes, der Zeit und der Handlung.
- Aristoteles: Jede Szene muss notwendig sein, Überflüssiges soll verschwinden.
- Ziel der Tragödie: *Katharsis* (Reinigung der Leidenschaften) durch körperliche Affekte (Jammern und Schaudern), Mitleiden soll von alltäglicher Belastung, Sorgen etc. befreien.
- Ausgelöst durch „*phobos*" (Angst) und „*eleos*" (Mitleid).
  → Theater als Ventilfunktion gegen psychologischen Stress.
- Lessing deutet Katharsis um: Mitleid und Furcht sollen Geist reinigen und Gesellschaft verbessern.

1.1.2 Vergleich zu Woyzeck.

Aspekte, welche für ein offenes Drama sprechen	Aspekte, welche für ein geschlossenes Drama sprechen
- Motive im Sozialen und Unbewussten. - Keine ständischen oder sozialen Beschränkungen bei Handlungsträgern. - Vielfalt der Sprechweisen. - Verschiedene Gesprächsformen; stockende, zerfahrene, sprunghafte Gespräche und Geplauder. - Lose Folge von Bildern und Situationen, Reihung. - Szenen bilden einen eigenen Schwerpunkt. - Mehrsträngige Handlung, aufgefächert, sprunghaft, mit Kurven und vielen Auslassungen. - Große Ausdehnung der zeitlichen Handlung. - Viele Räume, uneingeschränkter Wechsel.	- Sequenzen schließen (meist) einander an.

1.1.3 Woyzeck – Das Sozialdrama.

- Büchner zeigt die gesellschaftlichen Strukturen des 18. Jahrhunderts auf.
- Theologisch-fundiertes, feudales Gesellschaftssystem macht einen Aufstieg aus dem Stand unmöglich.
- **Sozialer Determinismus**: Handlungen sind durch den gesellschaftlichen Stand bereits vorherbestimmt.
  => Büchner zeigt damit auf, dass gesellschaftliche Strukturen einen Menschen deformieren und zum äußersten Handeln treiben können.

1.1.4 Woyzeck – Das Stationendrama.

- Besteht aus losen, aufeinanderfolgenden Szenen.
- **„Bote aus der Fremde"** setzt die Handlung erst in Bewegung.

- Kommt in eine unbewegte Situation hinein, kippt das Gleichgewicht und erzwingt somit eine Bewegung.
  → Tambourmajor zieht alle Frauen an und scheint der Maßstab der Männlichkeit zu sein.
- Aristotelische Dramenform an einigen Stellen beibehalten um Erwartungen des zeitgenössischen Lesers / Betrachters nicht zu enttäuschen und ihn empfänglich für den neuen Stil zu machen.
- Kein Konflikt sondern ein (meist sozialer) Zustand ist handlungsbestimmend.
- Rangunterschied zwischen dem Hauptmann & Tambourmajor zu Woyzeck & Marie.
- Jedoch nicht auf klassische, gewaltsame Auseinandersetzung verzichtet (Szene 15).
- Szenen 1 – 3 kommen in etwa dem 1. Akt eines klassischen Dramas gleich (Vorstellung Woyzecks, Zusammentreffen des Tambourmajors und Maries, Einblick in das Leben Woyzecks mit Marie).
- Szenen 3 – 14 kommen in etwa dem 2. und 3. Akt gleich (Treuebruch Maries als Katastrophe).
- Szenen 14 – 26 kommen in etwa den letzten beiden Akten gleich (Woyzecks Wahn, Fokus auf Rache, Kauf des Messers, Mord, Verurteilung).
- Sprache im Drama ist sprung- und lückenhaft, teilweise unnütz, lebhaft und emotional sowie hektisch und unterbrochen.
- Woyzeck führt selten einen Dialog (wie in Szene 5), muss seine Gedanken erst ordnen, weshalb er viele Ausrufe benutzt (Szene 1).
- Regieanweisungen geben nicht mehr nur Grundhaltungen an, sondern auch Gefühle (geistige Verwirrung) und ganze Handlungen.

1.1.5 Soziolekt – Die Sprache des Dramas.
- **Allgemeines zum Soziolekt**:
- Die unterschiedlichen sozialen Schichten werden durch eine verschiedene Sprache gekennzeichnet.
- *Fachsprache des Arztes* (24/10-11,15,28).
- *Hochdeutsch* (12/4-27; 15/17-20; 21/5-34).
- *Alltags- und Umgangssprache* (10/15-25; 14/16-24; 27/21-35; 30/14-23; 24-35).
- Büchner benutzt eine Vielfalt an unterschiedlichen sprachlichen Mitteln.
- *Ellipsen* (9/24f.; 33/3-7, 26-29).
- *Diminutive* (14/17; 29/28; 31/8).
- *Elisionen* (9/21; 14/13; 26/5-12; 32/34; 35/12).
- *Jargon* (10/22; 14/21; 25/27; 29/16).
- *Oxymoron* (18/20; 20/18-19; 21/12).
- *Tautologie* (15/27-31; 16/17-18; 25/12-13).
- **Spezielle Aspekte des Soziolektes:**
- Hauptmann (leere Worthülsen) und Doktor (medizinische Fachbegriffe) benutzen Hochdeutsch um Woyzeck Befehle zu erteilen oder sich über ihm lustig zu machen.
- Woyzeck und Marie weisen einen eingeschränkten Wortschatz auf, weshalb sie kurze, unvollständige Sätze benutzen.
  => Arme Menschen drücken sich mittels Volkspoesie, Märchen oder Volkslieder aus.
  → Bibelzitate werten Sprache der Menschen auf.
  → Müssen Gedanken nicht erst zurecht legen, müssen Zitate nur zur rechten Zeit einbringen.
- Die Sprache in Büchners Drama ist die kräftige, geschmeidige Dialogprosa, ist lebendig, rücksichtslos, offen, hart, knapp, von zarten Gefühlen beeinflusst und mit lebhaften, dichterischen Bildern gefärbt.
- Woyzeck nutzt oft Wiederholungen um sich auszudrücken (11/31-32; 25/29-31; 28/6-10).
  => **Windschiefer Dialog** (nach Hans Mayer): Dialoge im Woyzeck sind eigentlich nur Monologe; Predigten, Märchen, Lieder etc. benötigen keinen Gesprächspartner (lediglich einen Zuhörer); mangelnde Fähigkeit des niederen Standes sich auszudrücken und gegenseitige Missverständnisse.
  → Beginn und Ende eines „Dialoges" erscheint oft willkürlich, da der Leser / Betrachter eine Moment-aufnahme des Gespräches erhält und nicht das Gesamtbild.
- Nonverbale Kommunikation genießt bei „Woyzeck" einen besonderen Stellenwert.
- Stampfen (9/17), Fenster zuschlagen (10/22), auffahren (27/19), schütteln (28/15), schlagen (29/5),

pfeifen (29/12), schweigen (33/27).

1.1.6 Die Modernität des Dramas.

- „Woyzeck" zeigt die vom gesellschaftlichen Standort unabhängige Einsamkeit.
- Trostlosigkeit in der Welt ist zeitlos und allgegenwärtig.
- Der sarkastische Umgang des Doktors mit Woyzeck.
- Die zynische Freude des Gerichtsdieners über den Mord.
- Der Wunsch des Tambourmajors die Welt „wäre Schnaps."
- => „Woyzeck" ist ein Drama der Ungeborgenheit des Menschen in einer entgötterten, entmenschlichten Welt.
- Behandelt die Frage nach der Zurechnungsfähigkeit von Mördern.
- Behandelt das Verhältnis von Wissenschaft und Humanität.

1.2 Epoche des Frührealismus.

- Frührealismus bezeichnet eine literarische Phase von 1815 – 1848 und wird in drei Bereiche eingeteilt.
- Ist geprägt vom Freiheitsdenken und der Restauration (u.a. „Demagogenverfolgung" unter Metternich).
- Julirevolution und Hambacher Fest steigern revolutionäres Bewusstsein und freiheitliches Gedankengut.
- Karlsbader Beschlüsse und die Heilige Allianz unterdrücken alle liberal-nationalen Bestrebungen.
- **1. Biedermeier 1820 – 1848.**
- Konservative Beurteilung der aktuellen Lage, kritisch gegenüber dem Liberalismus, für Absolutismus.
- Biedermeier Schriftsteller fügen sich der unvollkommenen Welt.
- Haben in der Jugend politische Enttäuschungen (Wiener Kongress, Repressionspolitik) erfahren.
- Misstrauen gegenüber der Politik, Rückzug ins Private.
- Deren Welt bestand aus Selbstgenügsamkeit und Hingabe bei der Arbeit.
- Werke beinhalten individuelle Erfahrungen und Identitätsfindung.
- → Stil der Literaten ähnelt sehr dem der Romantiker.
- Liberaler Wunsch nach Freiheit und nationaler Einheit blieb aber in den Köpfen verankert.
- **2. Die Bewegung „Junges Deutschland" 1815 – 1835.**
- Hauptsächlich junge Studenten, die sich gegen die Restauration und Repression auflehnen.
- Ludolf Wienberg verfasste ein kritisches Essay und widmete es „dem neuen Deutschland, nicht dem alten."
- → Daher Bezeichnung „Junges Deutschland."
- „Junges Deutschland" war ein Zusammenschluss von Kämpfern für neue moralische und politische Normen.
- → Lehnten sich gegen Weimarer Klassik und verklärte Romantik auf.
- Verfolgten viele, moderne Ideale: Bildung und Selbstständigkeit der Frau, politische Partizipation, Laizismus, Freiheit, Gleichheit, Politisierung der Presse (Satire, Zeitkritik) sowie Demokratie und Pressefreiheit.
- Jetzige, aktuelle Zeit sollte beschrieben, nicht romantisch oder poetisch verklärt dargestellt werden.
- Jungdeutsche Akteure verfolgten kein einheitliches, politisches Ziel, Spektrum reichte von Liberal-Gemäßigten bis zu Radikaldemokraten.
- Jungdeutsche Schriftsteller hielten wegen ungezügelter Liberalität keine literarischen Richtlinien ein.
- → Presse und Literatur habe eine öffentliche Aufgabe und müsse politisch aufklären.
- Nach der **Julirevolution 1830** formierte sich ein loser Zusammenschluss deutscher Schriftsteller.
- Aristokraten fürchten den Verlust geistiger und moralischer Werte.
- Am **10. Dezember 1835** unterdrückt der deutsche Bundestag die Bewegung rechtlich.
- => Viele jungdeutsche Schriftsteller verlieren ihren Glauben an Freiheit und Gerechtigkeit und werden Biedermeier.

- **3. Vormärz 1840 – 1848.**
- Bezeichnet einerseits die Zeit vor der Märzrevolution, andererseits auch die Zeit der literarischen Radikalisierung.
    - → Leicht verständliche, literarisch nicht besonders anspruchsvolle Lieder und Aufrufe wurden verfasst genau wie neue Gattungsformen für die Öffentlichkeitsarbeit ausprobiert wurden (Woyzeck).
- Preußischer Kaiser Wilhelm IV. bestieg **1840** den Thron und machte Hoffnungen auf Liberalismus.
- Kleinbürger verarmten zunehmend, die sozialen Forderungen wurden unüberhörbar.
- Dichter des Vormärzes hatten ein starkes politisches Bewusstsein und wollten handeln.
    - → Kampf um Freiheit, Gleichheit und Emanzipation.
- Neue Opposition wollte Zustimmung für eine (sozialistische) Revolution gewinnen.
- Keine egoistischen, populären Werke, sondern parteiliche und theoriebewusste.
    - → Neue Schnellpresse und zunehmende Alphabetisierung der Bevölkerung mit Flugblättern ausgenutzt.
- Verfassten revolutionäre Lieder, politisch-philosophische Abhandlungen und Satiren auf den unterwürfigen, opportunistischen, deutschen Michel.

1.3 Das Leben des Georg Büchner und dessen Umfeld.

- Beginn der Industriellen Revolution in England.
- Naturwissenschaftliche Fortschritte steigern die Produktivität und fördern eine Landflucht.
- Neues Verkehrswesen und Fabriken verschmutzen die Umwelt.
- Arbeiter in den Städten verelenden zunehmend, erhalten aber erst **1848** mit dem **kommunistischem Manifest** ein politisches Programm.
- **1806** erhebt Napoleon I. Hessen zum Großherzogtum, annektiert aber linksrheinische Gebiete.
- Georg Büchner wird am **17. Oktober 1813** geboren.
- **1815** Wiener Kongress verteilt Gebiete wieder an Hessen unter Ludwig I. zurück.
- Zementierung der deutschen Kleinstaaterei.
- Gedanke der napoleonischen Errungenschaften u.a. im Code Civil (Liberalismus, Nationalismus) blieben in den Köpfen verankert und erhalten.
- **1820** wird eine Verfassung und die Pressefreiheit eingeführt, Leibeigenschaft wird verboten.
- Wandel im Bildungssystem zum Humanismus und der Naturwissenschaft.
- Büchner war Arzt und Philosoph, interessierte sich für die Grenzen der Naturwissenschaft sowie für die Metaphysik und Moral.
- Besuchte das Ludwig-Georg Gymnasium in Darmstadt, wo er die *„Imitatio"* lernte.
- Fähigkeit, sich in andere Personen hineinversetzen zu können.
- Lernte aber auch seine Vorbilder nicht zu imitieren, sondern zu übertreffen.
- Lebte im Großherzogtum Hessen-Darmstadt, wo sich zunehmend soziale Probleme herauskristallisierten.
- **1830** kommt der Sohn des Königs, Ludwig II. an die Macht, hat aber wenig Interesse an der Politik.
    - Möchte 2Mrd. Gulden Privatschulden aus der öffentlichen Kasse tilgen und setzt einen Sparkurs durch.
        - → Sparkurs wirft nicht ausreichend Gewinne ab, er löst die Regierungskammern auf und regiert allein.
- Das Agrarland Hessen-Darmstadt war wegen Industrialisierung sowieso schon verarmt, Sparkurs lässt Bauern endgültig verzweifeln.
    - **1830** Aufstand der Bauern in Oberhessen wird von Büchner unterstützt.
        - → Er rettet sich vor Verhaftung durch Flucht nach Straßburg.
- **1830 Julirevolution** in Frankreich von Büchner auf „Deutschland" auszuweiten gewünscht.
- Studierte **1831 – 1833** in Straßburg, empfand es als die glücklichste Zeit seines Lebens.
- Las Schriften französischer Sozialisten, traf polnische Soldaten aus Russland (Kampf gegen Zarismus).
- Studenten diskutierten über eine französische Republik nach amerikanischem Vorbild oder nach

Vorbild der Verfassung von 1791.
- Büchner und einige radikale Demokraten befürworteten Jakobinerrepublik von 1793/94.
  → Er hatte radikaldemokratische, frühsozialistische philosophische und politische Ansichten.
- Partizipierte als politischer Aktivist im nachnapoleonischen „Deutschland."
- Wegen seiner persönlichen Einstellung empfand der sich nicht dem „Jungen Deutschland" zugehörig.
- **1834** traf er den Theologen Doktor Friedrich Ludwig Weidig.
- Zusammenarbeit am „Hessischen Landboten", Weidig fügt biblische Zitate ein und entschärft viele Stellen.
  → Deshalb häufiger Reibereien zwischen den Beiden.
- Verfasste den „Hessischen Landboten" nach dem Motto: „Friede den Hütten, Krieg den Palästen."
- Sein Vater distanzierte sich wegen seinen radikalen Schriften von ihm.
- **Politische Einstellung Büchners, welche seinen Briefen und Flugblättern entnommen wurde**[456].
- Volk wird unterdrückt und mit Zugeständnissen beruhigt, welche aus einer Notwendigkeit von den Fürsten verliehen wurden.
- Gewaltbereitschaft ist nicht zu verachten, erwächst aus lebenslanger Knechtschaft und Gewalt gegen das Volk.
- Gesetze degradieren die Volksmasse zu frönenden Vieh, welches dann vom Adel ausgebeutet wird um die öffentliche Ordnung und Sicherheit zu gewährleisten.
- Büchner ist bereit sich eine politische Stimme zu verleihen, muss das deutsche Volks aber noch auf eine Revolution vorbereiten, da es nun unwillig oder nicht völlig motiviert ist.
- Nur der soziale Determinismus macht die Menschen kriminell und dumm.
- Kameraden nennen Büchner hochmütig, da er deren Vergnügungen und Beschäftigungen nicht teilte.
- Aristokratismus (Unterdrückung der Niedriggestellten) verspottet den Heiligen Geist in jedem Menschen; Personen, welche so etwas betreiben **hasst** Büchner.
  => Wenn sich das gesamte Volk gegen die Regierung auflehnt und revoltiert, wird es siegreich sein und die gesellschaftliche Ordnung zu seinen Gunsten verändern.

1.4 Das historische Vorbild für Woyzeck[1].
- *Büchner war vertraut mit dem Clarus Gutachten, studierte es sorgfältig und erschuf danach „Woyzeck."*
- *Er sah dessen Tod als exemplarisches Ereignis der gesellschaftlichen Zwänge an.*
  → *Damit stellt er die Frage nach der Zurechnungsfähigkeit des Woyzeck und nach der menschlichen*
       Willensfreiheit allgemein.
- **Die Tat:** Am 21. Juni 1821 um ca. 21:30 Uhr tötet Johann Christian Woyzeck (41 Jahre alt) die Witwe und seine Geliebte Johanna Christiane Woost (geb. Otto; 46 Jahre alt) mit 7 Stichen in die Brust.
- **Leben des Woyzeck:**
- Am **3. Januar 1780** wird Johann Christian Woyzeck in Leipzig, Sachen geboren.
- Er ist der Sohn eines Friseurs und lernt das Perückenmachen, übernimmt aber zusätzliche Dienste wie Diener, Friseur oder Soldat.
- Er hat seine Mutter mit 8 Jahren, seinen Vater mit 13 Jahren verloren. Letzterer kümmerte sich nicht besonders gut um ihn, ermöglichte ihm aber den Besuch einer Freischule.
- Nach erreichen seiner Volljährigkeit begab er sich auf eine Wanderung, welche damals für Handwerksgesellen üblich war.

---

4   Brief Büchners an die Familie, Gießen Februar 1834. Georg Büchner: Die Briefe. Hrsg. Von Ariane Martin. Stuttgart: Reclam, 2011. S41 und 17f.
5   Brief Büchners an die Familie, Straßburg im April 1833. http://gutenberg.spiegel.de/buch/georg-b-421/5 Nr. 8, aufgerufen am 31. Januar 2016 19 Uhr
6   Der Hessische Landbote, Darmstadt, im Juli 1834. Georg Büchner, Werke und Briefe, Münchner Ausgabe, Hanser Verlag: München 1988, S39ff.
1   Dem Clarus Gutachten (Wikisource, aufgerufen im Mai 2015) wurden allgemeine autobiografische Informationen entnommen sowie Details, welche sich im Drama wiederfinden.

- Woyzeck hat versucht die Naturerscheinungen zu deuten, kann nicht glauben, dass diese aus seiner Vorstellungskraft entstanden sein sollen.
- **Um 1800** sah er drei feurige Gesichter am Himmel, hielt es für Gottes Offenbarung der Dreieinigkeit.
- Auf seinen Reisen haben ihn Handwerksburschen Schauergeschichten über die Freimaurer erzählt. Von da an hat sich Woyzeck gefragt, wie sich diese wohl untereinander zu erkennen geben.
  → Hielt dies als Zeichen der Freimaurer und merkte sich die Zahl 3.
- Eines Tages sollte er einen Gefangenen zum Verhör begleiten, probierte das geheime Zeichen aus und als der Gefangene zweideutig darauf reagierte, war Woyzeck erschreckt.
- An einem heißen Tag kurz darauf sagte ein Unteroffizier zum Exerciermeister, dass er den Mann zu ihm schicken solle, wenn er das Blutspucken bekomme. Woyzeck dachte, dass er gemeint war und läuft nach dem Training schnell auf ein freies Feld, wo er von Luftnot und Schwindel heimgesucht wird. Dies hält er für das Werk des faulen Zaubers von den Freimaurern als Strafe, da er ihr Erkennungszeichen enthüllte.
- Nach seinen Wanderungen ließt er sich in Stralsund nieder, hatte ein Kind mit Fräulein Wienberg.
- Um **1807** dachte Woyzeck in Stralsund über eine Verbindung mit der Wienbergin nach, weshalb er oft geistesabwesend war.
- Die Kameraden nannten ihn wegen dieser Abwesenheit verrückt und dumm, weshalb Woyzeck sich zurück zog, gleichgültig und menschenscheu wurde.
- Durch den kommandierenden Offizier hat Woyzeck oft ungerechtfertigte Kränkungen erlitten.
- Zusätzlich zu den aufkommenden Problemen bei der Eheschließung hat sich bei Woyzeck Groll, Bitterkeit und Misstrauen gegenüber den Menschen eingefunden.
- Aus finanziellen Gründen musste die Wienbergin einen anderen Mann ehelichen, darüber enttäuscht kämpft Woyzeck in den napoleonischen Kriegen als Söldner und wird mehrmals in „Deutschland" stationiert (Dessau, Berlin, Breslau und Stralsund).
- Woyzeck bereut, dass er die Wienbergin verlassen hat und muss oft daran denken.
- Beim Nachdenken über seinen Sohn und den Umgang mit der Wienbergin wurde er oft unruhig.
- Arbeitslos kehrte Woyzeck am **1. Dezember 1818** nach Leipzig zurück.
- Sank sozial ab, bettelte gelegentlich, da er als Tagelöhner nicht immer genügend Arbeit fand und trank.
- Er war liiert mit der Witwe Johanna Christiane Woost, wollte sie heiraten, hatte aber nicht genug Geld.
- Im **Oktober 1818** sieht Woyzeck um 19 Uhr bei der Festung Graudenz drei feurige Streifen am Himmel und hört Glockenläuten, obwohl kein Kirchturm in der Nähe war.
  → Verbindet die Erscheinung mit den Freimaurern und deren Verfolgung. Glaubt dem Volksmärchen, dass an dieser Stelle ein Schloss versunken sei.
- **1819 / 1820** Woyzeck hat in einer Schenke die Aufforderung zu trinken von Warnecke pöbelhaft beantwortet, worauf letzterer gesagt hat: „der Kerl soll dunkelblau pfeifen." Woyzeck verfasst einen Brief (so drückt er sich häufiger aus, da er nicht gut sprechen kann) und provoziert Warnecke, welcher ihm daraufhin verprügelt.
- **1820** hat sich Woyzeck mit Selbstmord beschäftigt, wurde einmal knapp vom Generalmarsch unterbrochen.
- Im **Winter 1820** habe er wegen einer Kirmes daran gedacht, wie die Woostin mit anderen Männern tanze.
- Hört durch die Kirmesmusik den Takt „Immer zu."
- Woyzeck ist bereits vor der Mordtat gewalttätig gegenüber Frauen geworden.
- **1804 oder 1805** zog er eine Frau auf den Hof, verpasse ihr zwei Schläge ins Gesicht und eine geldstückgroße Wunde am Kopf. Des Weiteren stieß er mehrere Morddrohungen aus.
- **Frühling 1821** Hat der Woostin im Treppenhaus aufgelauert und als sich diese weigerte mit ihm spazieren zu gehen, hat er sie mit einer Tonscherbe verletzt.
- **1821** hat er die Woostin beim Tanz gesehen und sie etwas später aus Eifersucht verprügelt und im Streit die Treppe hinunter geworfen. Er hat sie mit einem Stein bewerfen wollen, habe es aber wegen

den Menschen in der Umgebung aufgegeben.
- **1820/21** Woyzeck hört beim Zeitungsträger Haase häufiger Stimmen, obwohl keinerlei Personen in der Nähe waren.
- Oft stritten zwei Personen miteinander oder wollten ihn auf Abwege leiten.
  $\rightarrow$ Vernahm die Stimmen aber nur auf dem rechten Ohr.
- Die Woostin hat zwar weiterhin mit anderen Männern verkehrt, ihm aber nie wirklich weggestoßen, sondern hin und wieder engen Kontakt zu Woyzeck gepflegt.
- **1821** hat die Woostin Woyzeck wegen einem Spaziergang mit dem Stadtsoldaten Böttcher versetzt.
- **Am 20. Mai 1821** kauft sich Woyzeck einen Degen und hört eine Stimme „Stich die Woostin todt!", er wollte aber nicht, weshalb die Stimme erwiderte „Du thust es doch!"
- **Am 21. Juni 1821** traf er sie zufällig, aber als sie ihm im Hausflur eine Abweisung erteilte, erstach er sie.
- Als er wenig später gefasst wurde, leugnete er nichts und gestand.
- Der Prozess dauerte drei Jahre bis Woyzeck am **27. August 1824** hingerichtet wurde.

1.5 Das Clarus Gutachten[1].
- *Johann Christian August Clarus wurde vom Gericht beauftragt ein Gutachten über die Zurechnungsfähigkeit des Woyzeck zu verfassen.*
- *Clarus hat Woyzeck persönlich gekannt, untersucht und den tatsächlichen Menschen analysiert.*
- Im **September 1821** reicht er sein erstes Gutachten ein, worin er die Biographie des Woyzeck zusammenfasst.
- Woyzeck hatte als Kind Würmer, Masern, Pocken und Krämpfe, als Erwachsener oft Nasenbluten.
- Im Soldatendienst hat er an mehreren Krankheiten gelitten.
- Woyzeck isst viel, schläft ruhig, hat einen gesunden Körperbau, zittert aber bei Aufregung.
- **Charakter**: Aufmerksam, besonnen, schnelle Auffassungsgabe, gutes Gedächtnis, nicht zänkisch, still, höflich, bescheiden.
- Keine Anzeichen von: Bosheit, Tücke, leicht reizbares Temperament, Unruhe, Gewissensangst, Zerstreuung, Gedankenlosigkeit, Abspannung, Vertiefung, Verworrenheit, Anspannung, Niedergeschlagenheit oder Erstarrung.
  - Aber dafür weit der Inquisit auf: Moralische Verwilderung, Abstumpfung gegenüber natürlichen Gefühlen, Gleichgültigkeit, Verdruss, Mangel an Kraft und Willen, Scheu, Bewusstsein der Schuld ohne Ausreden zu suchen.
  - Besitzt die für seinen Stand und Bildungsgrad üblichen religiösen Vorurteile und Irrtümer.
- Woyzeck hat häufiger leise mit sich selbst gesprochen, aber wenn niemand anwesend war auch lauter.
- Die Bevölkerung hat genaue Beweise gefordert, darum gab Clarus **1823** eine erneute Stellungnahme ab.
- Physischer Zustand hat sich im Vergleich zum letzten Gutachten nicht verändert.
- Zittern bei Aufregungen hält nun länger an.
- **Woyzecks Krankheitssymptome**: Krampfhaftes Zusammenziehen und Stillstehen des Herzens, Empfindung, als ob das Herz aufgeblasen sei, Schmerz in den Schläfen, Stechen und Zittern in der Brust, Herzklopfen, Angst, krampfhafte Gliederschmerzen, Spannung und Auftreten der Blutgefäße, verstärkter Herz- und Pulsschlag, allgemeines Zittern am ganzen Körper, Stechen, Hitze und Wüstigkeit im Kopf, Prasseln und Schurren im Genick, Brausen und Zischen (nur) vor dem rechten Ohr sowie reichlich Nasenbluten.
- Woyzeck leidet an Vollblütigkeit, Neigung zu Wallungen, Congestionen des Blutes, venöser Constitution und erhöhter Venentorgor.
- **Clarus' Urteil: Woyzeck ist zurechnungsfähig!**
- Trotz der krankhaften Symptome sei Woyzeck in der Lage gewesen seine Aufgaben zufriedenstellend zu erledigen sowie seinen bürgerlichen und moralischen Pflichten zu genügen.
- Die vorhandenen Krankheitssymptome werden oftmals für eine Gemütserkrankung gehalten, deuten

---

1 Clarus Gutachten (Wikisource, aufgerufen im Mai 2015)

aber lediglich auf eine gewisse *Veranlagung* hin.
- Ein finsteres und reizbares Temperament, Liebe zur Einsamkeit, Benommenheit des Kopfes, Konzentrationsschwäche, Zerstreuung, Gedankenlosigkeit, Beschäftigung mit unwillkürlich erscheinenden Bildern und eine trübe Einbildungskraft haben noch nie den Gebrauch der Vernunft eingeschränkt.
  → Ein solches Temperament macht es zwar schwieriger leidenschaftlichen Anreizen zu widerstehen, heben die Möglichkeit dazu aber nicht auf.
  → Sonst würde dies zum Deckmantel für Verbrechen werden.
- Bei Woyzeck wurde weder eine Abweichung vom gesunden Menschenverstand festgestellt, noch dass er von einem ungewöhnlichen, blinden Instinkt geleitet wurde.
  => Weil Woyzeck kurz nach der Tat logisch-analytisch einen Selbstmord abgewogen und daraufhin unterlassen hat, hätte er derart vernünftig die Mordpläne verwerfen können.
  =>Durch die Sinnestäuschungen habe Woyzeck den Vorurteilen und Irrtümern Raum gegeben, *wurde aber nicht im Vernunftgebrauch eingeschränkt.*
- **Deutungen der übernatürlichen Erscheinungen, welche Woyzeck wahrgenommen hat.**
- Die Erscheinungen begründen sich auf einen Mangel an Kenntnis und Erfahrung sowie Leichtgläubigkeit. Sie hängen mit der Einbildungskraft, Furchtsamkeit, damaligen Verhältnissen und körperlichen Anlage des Menschen zusammen.
- Die von Woyzeck vernommenen Geräusche hat er aufgrund des fehlgeleiteten Blutflusses für äußere gehalten und dabei wahrscheinlich weit entferntere Geräusche vernommen.
  → Täuschung des Gehörsinns.
- Die von Woyzeck gehörten Stimmen verwechselte er wegen dem Sausen in seinem Kopf wahrscheinlich mit der eigenen, weshalb diese für ihn als fremde Stimmen wahrgenommen wurden.
- Der Sinn der Stimmen behandelte immer Themen, an welche er gerade oder kurz zuvor gedacht hatte.
  → Als er sich selbst umbringen wollte, vernahm er die Stimme „Spring ins Wasser."

1.6 Die zentralen Motive in Woyzeck.
- **Eifersucht**:
- Woyzeck ist eifersüchtig auf Marie, darum ermordet er sie.
  - Woyzeck ist einfacher Soldat, verdient sich Geld mit Stöcke schneiden (9/2), rasieren des Hauptmannes (15/16) und einer Erbsendiät (20/24) um es ihr zu geben (15/5f.) oder sie zu unterhalten (Szene 3).
  - Der Tambourmajor ist gut gebaut, wohlhabend und kann Maries sinnliche und materielle Bedürfnisse befriedigen (18/1-8; 27/10f.).
    → Woyzeck ist tief erschüttert als er Marie tanzen sieht (27/11-20).
    => Woyzeck erkennt, dass er Marie nicht zurückgewinnen kann, weshalb er sie ermordet.

- **Einsamkeit**:
- Der Doktor, Hauptmann und Tambourmajor sind gesellschaftlich, (der Tambourmajor auch körperlich) dem Woyzeck überlegen und verspotten ihn.
- Woyzecks einziger Freund Andres kann seine Situation nicht nachvollziehen (26/6).
- Antimärchen der Großmutter wirft erste Aussichten auf die Situation von Woyzeck, Marie und Christian (32/24-33/2).
- Die einzigen Bezugspunkte in seinem Leben sind Marie und sein Sohn, welche sich von ihm abwenden.
  → Ermordung der Marie führt zu Ablehnung des Sohnes, am Ende ist Woyzeck komplett allein.
- Sätze wie „Alles todt" kommen häufiger vor und deuten auf Einsamkeit (32/2; 32/25).

- **Wahnsinn**:
- Durch die Erbsendiät ist Woyzeck wahnsinnig geworden (20/18-22).
- Durch die Schilderung der Wahnvorstellungen entfremden sich Andres und Marie von Woyzeck (9/20; 11/8-23).

- Phasen des Wahnsinns (Szenen 1 bis 3) wechseln sich (harmonisch) mit Phasen der Vernunft ab (Szenen 4 und 5).
  - Nachdem er von der Untreue Maries erfahren hat (22/26-32) und die beiden tanzen sah (27/10-20) überwiegen Phasen des Wahnsinns.
- Der Doktor erkennt die Wahnvorstellungen, erfreut sich darüber und fördert sie (23/24).
  => Höhepunkt des Wahns bilden die Stimmen, welche Woyzeck befehlen Marie zu töten.

- **Gesellschaftskontrolle / Ständesystem:**
- Büchner vertritt verschiedene Stände in seinem Werk um die damalige Situation wiederzugeben.
- Nicht länger der Konflikt arm ↔ reich ist handlungstragend, sondern der Konflikt gehobene Klasse (Doktor, Hauptmann) ↔ untere Klasse (Woyzeck).
  - Aber auch klasseninterne Streitereien (Tambourmajor ↔ Woyzeck) oder feudale Klasse (Hauptmann) ↔ liberales Bürgertum (Doktor).
- **Sozialer Determinismus:** Man kann seinen Stand nicht ändern und muss sich entsprechend verhalten.
- ▶▶(Daraus resultierend) **Hedonismus bzw. Flucht aus dem Alltag:**
- Marie sehnt sich nach materiellen Dingen und sozialem Aufstieg (14/16-24).
- Jahrmarkt zieht viele Menschen an (11/27).
- Tambourmajor will Marie besitzen (12/35-36; 18/1-8).
- Hauptmann mag es schön ruhig und gemütlich (15/17-25).
- Hauptmann (22/26-32) und Doktor (20/18f.) machen sich über Woyzecks Leid und Elend lustig.
- Andres berichtet von Musik vor der Stadt, welche die (schönen, jungen) Frauen anzieht (25/26-28).
  → In der Garnisonsstadt scheint immer etwas los zu sein.
  → Die Person des Andres scheint den Hedonismus zu verkörpern (ist immer fröhlich und singt).
- Flucht vor langweiligem Alltag in Alkoholkonsum (26/21; 29/5-21).
- Kinder spielen vergnügt auf der Straße vor dem Haus (32/5-20).
- Tanz, Gesang und Feier im Wirtshaus (Szene 22), generell die hohe Anzahl an Szenen in Wirts-/Gasthäusern.
- Mord wird zur öffentlichen Sensation, bringt Abwechselung in den Alltag (Szenen 23 und 26).

- **Der Tod:**
- In beinahe jeder Szene werden Ausblicke auf den Dramenausgang bzw. Verweise auf den Tod getätigt.
  - Andres sind das Hasenlied, welches mit dem Erschießen beider Hasen endet (9/10-12).
  - Der Leierkastenmann sind von der Allgegenwärtigkeit des Todes (11/29-30).
  - Der Hauptmann philosophiert über die Ewigkeit (15/27f.).
  - Der Doktor redet ohne Angst oder Skrupel über den Tod Woyzecks (19/35f.) und des Hauptmanns (21/16-27).
  - In der Predigtparodie des Handwerksburschen wird das Bedürfnis der Soldaten angesprochen, sich gegenseitig totschlagen zu müssen (27/31-31).
  - Die Mordbefehle, welche Woyzeck auf dem Feld vernimmt (28/8) und die Aussage „ein blutig Eisen" (33/29).

- **Bedrohung des Lebens:**
- Träume des Woyzeck deuten immer auf eine gewisse Gefahr hin:
  - Hohler Boden erinnert an ein Grab (9/17-19).
  - Tag des jüngsten Gerichtes (9/25-28).
  - Die große schwarze Katze steht für Unglück (13/7-8).
  - Sucht nach Beweisen für die Todsünde Maries (18/21).
- Die Umgebung gibt uns Aufschluss über gewisse Ängste oder Gefahren:
  - Es wird plötzlich so dunkel wie selten nicht (11/21-23).

- Es wird unerträglich heiß um Marie (30/30).
- Marie fürchtet sich vor der finsteren Natur (33/11,19).
- Die Beschreibungen des Doktors über den Gesundheitszustand des Hauptmannes zeigen die Verletzlichkeit jedes Menschen und die Unbeständigkeit der Gesundheit (21/16-27).
- Hauptmann verdeutlicht sehr verständlich, dass er sich nicht bedrängen lässt, ein Aufstand gegen den Feudalismus wird Konsequenzen haben (23/7-10).
- Marie ist sich ihrer Schuld bewusst und spricht mehrmals den (Frei-)Tod an (15/11; 30/22-23).

- **Übergang Tier zum Menschen**:
- Der Ausrufer bezeichnet die Soldaten als Affen und macht damit Woyzecks Stand deutlich (12/22-23).
- Der Tambourmajor wird mit tierischen Attributen versehen, was seine Triebhaftigkeit und animalisches Verhalten untermauert (17/25f.).
- Woyzeck wird vom Doktor zum Versuchskaninchen degradiert (19/7 „wie ein Hund"; 19/35 „wenn es noch ein Proteus wäre"; 20/29 „Subjekt"; 25/9 „wie die Katze"; 25/10 „Übergänge zum Esel").
- Der Hauptmann schließt einfach so vom Verhalten der Tiere auf das Verhalten der Menschen (besondere Form des Sein-Sollen – Problems (21/5-15)).
- Vom Hauptmann wird Woyzeck mit tierischen Attributen verglichen (23/27,31 „Spinnenbeine", „Hundsfott").
- Der Jude bezeichnet Woyzeck abwertend als Hund (30/9-10).

1.6.1   Weitere Motive im Woyzeck.

- **Gewalt und Aggressivität**:
- Woyzeck ist stets das Opfer, bis er Marie ermordet.
- Menschenverachtender Umgang des Arztes mit Woyzeck (19/6f.).
- Kampf zwischen dem Tambourmajor und Woyzeck (29/14-15).
- Marie verletzt Woyzeck durch den Betrug (18/12-30), streitet sich mit Margarethe (10/15-22).

- **Geld**:
- Woyzeck verdient sich Geld mit Stöcke schneiden (9/2), rasieren des Hauptmannes (15/16) und einer Erbsendiät (20/24) um es Marie zu geben (15/5f.) oder sie zu unterhalten (Szene 3).
- Doktor (, Tambourmajor) und Hauptmann sind wegen ihrer wirtschaftlichen Situation höhergestellt.
- Woyzeck verbindet Tugend mit wirtschaftlicher Stärke (17/8-15).
- Doktor (das liberale Bürgertum) knechtet die Menschen nicht mehr mit militärischen Mitteln (wie im Feudalismus), sondern mit vertraglichen Verpflichtungen (19/25-26).

- **Sprachlosigkeit**:
- Woyzeck spricht nur im niederen, hessische Dialekt und nicht in Hochdeutsch (17/12).
- Woyzeck muss seine Gedanken oft ordnen, weshalb nur Ausrufe und Ellipsen zustande kommen (Szene 1).
- Es herrschen Kommunikationsschwierigkeiten in der Beziehung zwischen Woyzeck und Marie (11/10-19; 15/2).
  → Woyzeck bemerkt Maries Sehnsüchte erst als sie ihn bereits betrogen hat.

- **Sinnfrage / Religion / Erlösung**:
- Woyzeck ist bibelfest (16/22-25), aber findet trotzdem keinen Halt im Glauben (16/32-34).
  → Christentum mehr als gesellschaftlicher Zwang anstatt als Halt im Leben.
- Marie findet Trost in der Bibel (Szene 17).
- Woyzeck spielt sich als Gottes Hand und Rächer auf Erden auf (31/13-16; 35/11-12; 36/22-24).

- **Verhältnis der Wissenschaft zur Humanität**:

- Der Doktor hält nichts von Gefühlen (19/30-31) oder natürlichen Trieben (19/14f.).
- Mensch wird als eine in Überfluss lebende Art betrachtet (19/33).
- → Tod eines Menschen weniger bedeutend als Tod eines Tieres (19/35f.).
- Humanität hat keinen Platz in der Wissenschaft (20/29-31), streben nach Ruhm steht über der Humanität (19/19-20) → Wird sogar abgewertet (19/8-9).

- **Schuld**:
  - Marie wird sich ihrer Schuld mit dem Treuebruch bewusst (31/2-3).
  - Übeltäter der Gesellschaft (Doktor und Hauptmann) gestehen sich keinerlei Schuld ein (23/9).
  - Die Frage nach der Schuld / Zurechnungsfähigkeit Woyzecks bleibt unbeantwortet
  - In der Szene 20 noch skrupellos, ist er in den Szenen 24 und 25 innerlich zerrissen.

2. Die Szenen im Werk[1].
- Woyzeck spielt ca. 1820 in einer hessischen Garnisonsstadt, Gießen oder Darmstadt.
- Woyzeck ist ein 30 Jähriger Füsilier (Fußsoldat mit Waffe) im 2. Regiment, 2. Bataillon 4. Compagnie (31/20-24).

2.1 Freies Feld. Die Stadt in der Ferne.
- Andres und Woyzeck schneiden Stöcke für den Militärdienst oder als Zusatzverdienst (9/3).
  - → Man flechtet daraus Körbe für den Weiterverkauf.
- Woyzeck träumt und fürchtet sich vor den Freimaurern, wegen Stille und angeblicher unterirdischer Höhle (9/8-19).
  - Höhle steht für Haltlosigkeit, Lebensangst; fühlt sich so wertlos, dass nicht einmal er Boden ihn tragen wird; erinnert an die offenen Gräber aus der Offenbarung.
  - Angst vor den Freimaurern zeigt Woyzecks Naivität sich von der öffentlichen Meinung beeinflussen zu lassen.
- Andres sing ein bekanntes Kinderlied (9/10-17).
  - Kann Woyzecks Gerede nicht verstehen, versucht ihn zu beruhigen.
- Woyzeck sieht ein Feuer am Himmel und hört Posaunen (9/24-27).
  - Anspielung auf das Armageddon, Weltuntergangsphantasien.
- Andres hat aufgehört zu singen und versucht vergeblich auf Woyzeck einzugehen (9/20-23).
  - → Klimax dieser Szene.
- Andres kann solch tiefsinnige Gedanken nicht fassen und bekommt Angst (9/20).
  - => Woyzeck hat ein geringes Selbstwertgefühl und leidet an seiner Existenz, sehnt sich nach dem Weltuntergang als Endlösung.
- Durch den Zapfenstreich werden beide ins Lager zurückgerufen (9/30).
- Obwohl Woyzeck noch immer Wahnvorstellungen hat, reagiert Andres reflexartig auf den Appell.
  - => Der militärische Drill hat beide Soldaten auf reflexartige Ausführung von Befehlen reduziert.

2.2 Marie (mit ihrem Kind am Fenster). Margreth.
- Marie und Margarethe schwärmen um den Tambourmajor (10/1 – 14).
- Körperbau und Dienstgrad verschaffen ihm Bewunderung (obwohl kaum höhergestellt als ein Soldat).
- Margarethe bewundert ihn heimlich (10/7, 10-11) → Gesellschaftlich sind Schwärmereien verpönt.
- Marie zeigt ihre Zuneigung offen (10/8, 13).
- Margarethe ist erstaunt über Maries Verhalten (10/10-11).
  - Lied der Marie drückt Hemmungslosigkeit und Sinnlichkeit aus.
  - Bedingt durch fehlende Aufstiegsmöglichkeiten, Abenteuerlust und sexuelle Begierden der Marie.
  - → Erotische Spannung zwischen Marie und dem Tambourmajor steigt.

1„**Reclam© XL – Text und Kontext**" Fassung des Fragmentes Woyzeck entnommen   (ISBN: 978-3-15-019018-0)

=> Eifersuchtsdrama entsteht.
- Marie schämt sich nicht für ihr Verlangen, fordert Margarethe auf das Leben zu genießen (10/16-18).
- Margarethe bezeichnet sich als anständig (bürgerliche Tugend) und wirft Marie Sittenlosigkeit vor (10/14, 19-21).
- Der Streit bricht ab, Marie macht deutlich, dass sie ihren unehelichen Sohn trotz gesellschaftlicher Ächtung liebt (10/22-25).
- Singt ihm ein Kinderlied (10/26-11/6).
  → Soll das Kind beruhigen, sie setzt ihn damit mit einem Zigeunerkind gleich.
  → Zeugt eher vom / stiftet an zum unsittlichen, hedonistischen, lasziven Lebenswandel.
- Woyzeck taucht auf und fühlt sich von Zerstörung verfolgt (11/11-16).
- Er klagt um seine Wahnvorstellungen, kann Marie im Streit mit Margarethe nicht zur Seite stehen, kann ihre, durch den Tambourmajor geweckte (sexuelle) Begierde nicht stillen, bittet indirekt um Hilfe.
  => Marie und Woyzeck reden aneinander vorbei.
- Woyzeck muss schnell zur Kaserne (11/19).
  → Wie sein gesamtes Leben ist auch diese Szene von außen bestimmt.
- Marie nennt ihn vergeistert (11/19) → bemitleidet ihn.
- Ungewohnte Dunkelheit kommt auf (11/21-24) → Zeugt von Maries Furcht über Woyzecks Geisteszustand.

2.3 Buden. Lichter. Volk.
- Woyzeck und Marie besuchen einen Jahrmarkt.
- Man muss Geld im Voraus bezahlen um an einem solchen Event teilnehmen zu können.
  → Woyzeck braucht das Geld nicht zum Überleben, möchte Marie ein gutes Leben ermöglichen.
- Leierkastenmann singt ein Lied zum Vergnügen Woyzecks (11/28-31).
- Düstere Prognose, Tod ist allgegenwärtig.
- Marie und Woyzeck schlendern über den Marktplatz und hören einem Marktschreier zu (12/28f.).
- Marie ist entzückt über die Quasten (Bommel) der Herren und Hosen der Frauen (12/29-30).
  → Revolutionärer Fortschrittsgeist oder Sehnsucht nach Sinnlichkeit (das Tier im Menschen).
- Der Marktschreier wirbt für seine Vorstellung mit einem Pferd (12/14ff.).
  - Spricht dem Pferd Vernunft zu und lehnt sich an Darwin an (12/10ff.).
    → Parallele zur Behandlung des Doktors mit Woyzeck: Doktor sieht Woyzeck als „vernünftiges" Tier an.
    → Pferd wird als öffentliche Sensation bloß gestellt, wie es der Doktor mit Woyzeck macht.
  - Betont das Tierische im Menschen und spricht ihm die Gottesebenbildlichkeit ab (12/16-20).
    → Pferd übernimmt die Rolle des dritten Standes, da es sich vom 1. Stand (Marktschreier) dressieren / herumschubsen lässt.
    → Marktschreier versucht durch Fachbegriffe und französische Worte (Adelssprache) gebildet zu wirken.
  => Spiegelt auf ironische Weise die Gesellschaft wieder.
  - Marktschreier spricht vom Fortschreiten der Zivilisation(12/21).
    - Der Soldat bleibt aber die unterste Stufe, Vergleich zum Affen (12/22-23).
      → Macht Woyzecks Stand / Lage deutlich; hoffnungslose, ausweglose Situation.
- Der Unteroffizier und Tambourmajor sind vom Aussehen der Marie beeindruckt und folgen ihr (12/32f.).
  → Exposition des Tambourmajors.
- Beide lassen sich von ihren animalischen Trieben lenken (12/35ff.) → Das Tierische im Menschen.
  => Zuerst (Szene 2) ist Marie vom Tambourmajor beeindruckt, nun ist es umgekehrt.
  → Eifersuchtsdrama gewinnt an Form.
- Marktschreier spricht dem Pferd Vernunft zu (13/10ff.).
- Sei Professor (13/14), tierischer Mensch und könne rechnen, sich aber nicht ausdrücken (13/28-30).
  → Anklang an sozialen Determinismus und Wert von Äußerlichkeiten in der Gesellschaft,

Ausdrucksweise zählt mehr als Talent oder Fähigkeiten.
- Verspottet die Physiognomie (13/20).
- Studenten lernen in den Universitäten nur dressieren, nichts Wichtiges (13/10-11).
  → Kritik an Karlsbader Beschlüssen, nur rückschrittiges, staatskonformes Denken soll gelernt werden.
- Marktschreier bittet Publikum um eine Uhr (13/31-35).
- Unteroffizier zieht angeberisch seine Uhr, will Marie beeindrucken und seinen Stand verdeutlichen.
  → Mit Erfolg (14/1-2).

2.4 Marie sitzt, ihr Kind auf dem Schoß, ein Stückchen Spiegel in der Hand.
- Große Unterteilung in vier Abschnitte bietet sich an.
- **1. Abschnitt**: Singt das Kind in den Schlaf (14/5-15).
- Verängstigt das Kind mit dem Lied (14/8-11).
- Versucht das Kind schnell zum Schlafen zu bringen um sich im Spiegel betrachten zu können.
  → Materialismus und Fokus auf Äußerlichkeiten der Marie offenbart, der allgemeine Zeitgeist.
- **2. Abschnitt**: Die Selbstbetrachtung führt zur inneren Steigerung (14/16-24).
- Ohrringe wahrscheinlich ein Geschenk des Tambourmajors gewesen.
- Nur Schmuck und Gold unterscheide sie von anderen Frauen (14/16-21).
  → Träumt von gesellschaftlichem Aufstieg.
- **3. Abschnitt**: Höhepunkt: Zusammentreffen von Marie und Woyzeck (14/26-15/9).
- Ohrringe machen Woyzeck stutzig, versteht Sehnsucht Maries aber nicht (14/28-15/2).
- Marie belügt Woyzeck über die Herkunft der Ohrringe (14/31).
- Woyzeck forscht nicht nach, nimmt es hin → Wenig Selbstvertrauen.
- „Bin ich ein Mensch?" (15/1) – Soll ausdrücken, dass sie keine Prostituierte ist.
  → Bezug zu den französischen Menschen- und Bürgerrechten von 1789 denkbar, Marie ist nicht mit Woyzeck verheiratet, darf machen was sie möchte, hat keinerlei Bindungen.
- Woyzeck erkundigt sich nach seinem Sohn und gibt Marie sein Geld (15/2-7).
  → Woyzeck arbeitet nur für Marie; zeitloses Problem, welches viele Beziehungen in die Brüche treibt.
  → Woyzeck trifft seinen Sohn (wieder) nicht an, Kontinuität im Drama.
- **4. Abschnitt**: Erneute Selbstbetrachtung der Marie (15/10-12).
- Marie fühlt sich hin- und hergerissen zwischen Avancen des Tambourmajor und damit verbundenen Wunsch nach sozialem Aufstieg sowie materiellem Wohlstand und zwischen Hartnäckigkeit, Treue und Eifer des Woyzeck.
  → Bemitleidet ihn ein wenig, aber auf gute Art und Weise.
- Marie möchte sich erstechen (15/11) → Vorausdeutung des Endes.

2.5 Der Hauptmann. Woyzeck.
- Woyzeck rasiert den Hauptmann (15/17-24).
- Ist ein Zusatzverdienst, da Hauptmann rechtlich untersagt ist Befehle zu geben, welche keinen dienstlichen Zweck verfolgen oder er selbst erledigen könnte.
- Hauptmann geht dies zu schnell und ermahnt Woyzeck.
  → Hauptmann spricht Woyzeck niemals an, redet in der dritten Person über / mit ihm; verdeutlicht Selbstverständnis der herrschenden Klasse.
  Oberflächlicher Gesprächsrand, von Hauptmanns „Philosophie" geprägt, Moralpredigt.
- Hauptmann projiziert seine sozial bedingten Ängste auf Woyzecks schlechten Gesundheitszustand,
- Verhetzt sein als Resultat eines inneren, moralischen Konfliktes gedeutet (16/4-6).
  → Darum zum Einhalten der Moralvorstellungen des bedrohten Feudalismus angehalten (16/17-21).
- Hauptmann philosophiert über das Jetzt und die Ewigkeit in einem Monolog (15/17-16/13).
- „ewig, das ist ewig, das ist ewig […] nun ist es aber wieder nicht ewig" (15/29-30) – Versteht die Dinge, welche er anspricht, selber nicht.
- Nennt die Erdrotation eine Zeitverschwendung (15/31-34), doch je länger eine vollständige Rotation

dauert, desto länger ist der Tag.
- Wird beim Begriff Mühlrad melancholisch (16/1-2), lässt ihn lächerlich wirken.
  → Versucht Woyzeck davon zu überzeugen ruhiger und langsamer zu werden.
- Möchte, dass er nicht so viel nachdenkt, sonst könnte er sich gegen Unterdrückung auflehnen.
- Woyzeck dient nur als Zuhörer und Ja-Sager (15/26;16/3,13).

- Als Untergebener ist der gewohnt in kurzen, zustimmenden Floskel zu antworten, darf weder widersprechen noch kritisieren; könnte aber auch von Woyzecks Desinteresse und fehlendem Engagement zeugen (Ihn interessiert nicht, was der Hauptmann sagt).
- Hauptmann macht sich hemmungslos über Woyzeck lustig, nennt ihn dumm (16/15).
  => Arroganz des Hauptmanns.
- Er bezeichnet Woyzeck als guten Menschen (16/16), obwohl er „gut" anders definiert hat (16/4-5).
  → Hauptmann stützt seine eigenen Thesen nicht, wirkt geistig träge und dumm.
- Durch die Frage (16/7) wird Woyzeck zum Informanten erhoben.
- Hauptmann wirft Woyzeck vor, wegen dem unehelichem Kind, keine Moral zu haben (16/17f.).
- Macht dabei deutlich, dass es nicht seine Meinung ist, hat ohne zu hinterfragen die Meinung des Garnisonspredigers übernommen (16/20).
- Flüchtet sich in seiner trivialen Geisteshaltung in tautologische Aussagen (idem per idem Fehler).
- Woyzeck zitiert aus der Bibel, dass alle Menschen vor Gott gleich sind und alle das Recht auf Gefühle und Sexualität haben (16/22-25).
  → Vom Hauptmann angegriffen wird Woyzeck zum aktiven Redner und bringt zur Verwunderung des Hauptmannes seine eigene Meinung zum Vorschein ohne ihn direkt zu verbessern.
- Woyzeck antwortet mutig und äußert seine Meinung; der Hauptmann ist überrascht, versteht die Aussage nicht und ist verwirrt (16/26-28).
  → Er ist geistig überfordert, da Woyzeck vollwertige Argumente vorbringt, will das Gespräch deshalb auf eine persönliche Ebene verschieben.
  → Ein unterdrückter Soldat hätte eher zugestimmt, zeugt von Woyzecks Mannesehre und inneren Prinzipien (Vgl. Szene 15).
- Woyzeck bezieht die Tugend (bürgerliche Moralvorstellung) auf den Wohlstand.
  - Tugend und Moral sei vom sozialen Status abhängig, die Armen sorgen sich zuerst um ihre Existenz, danach um die Tugend.
  - In Büchners Drama bestimmt nicht länger die Tugendhaftigkeit, sondern der Wohlstand die Standeszugehörigkeit.
    => Woyzeck beschwert sich nicht über die Verhältnisse, hat sie akzeptiert.
    → Darum Sakramente wie die Ehe seinen deshalb nicht so wichtig.
  - Bei Woyzeck überwogen die fleischlichen Gelüste, weshalb er ein uneheliches Kind gezeugt hat (16/32).
  - Erkennt die gesellschaftlichen Zustände an und kritisiert sie nicht.
  - Findet keinen Trost (mehr) in der Religion (16/33-34).
    => Hauptmann wird Opponent des Woyzeck, da er einen höheren Redeanteil hatte, sozial höhergestellt ist sowie eine gegensätzliche Meinung und Charakter besitzt.
- Der Hauptmann geht nicht auf das „Stand – Argument" ein, da das Gespräch sonst zu tiefgründig werden würde; argumentiert mit dem „Fleisch-und-Blut – Argument" (16/36).
- Er verspürt selbst den Drang nach Gefühlen und Sexualität (will sein nicht vorhandenes Einfühlungsvermögen demonstrieren), aber durch die Tugend bringt er sich selbst zur Besinnung (17/4-7).
- Hauptmann entlässt ihn, weil ihm das Gespräch zu kompliziert wird (17/18-19).
- Greift auf die Philosophie über die Zeit zurück (17/17-18).
- Nennt Gespräch Diskurs (17/18), obwohl es oberflächlich war und er kaum auf Woyzeck eingegangen ist und bestätigt seinen Verdruss.
- Woyzeck geht als Sieger des „Streites" hervor.
- Er meldet sich weder ab, noch verabschiedet er sich vom Hauptmann.
  → Zeugt ein wenig von Courage.

- **Bedeutung der Szene:**
- Gesellschaftskritik: Hauptmann (Obrigkeit) ist dumm und selbstgefällig, Phrasen sind hohl.
- Verweist auf die Ungerechtigkeiten der Ständeeinteilung und die schwere Last des untersten Standes.
- => Woyzeck kritisiert solches Denken auf radikalste Weise (Naturalistische, liberale Bibelauslegung).
  - → Elementares Menschenrecht: Alle Menschen sind gleich.
- Bürgerliches Selbstmitleid durch den Hauptmann kritisiert (galt als Mittel des Selbstgenusses).
- Tugenden der Obrigkeit sind veraltet und sind für das arme Volk nichtig.
- Woyzeck redet mit dem Hauptmann über seine Probleme und Nöte, drückt ein gewisses Vertrauen aus.
  - → Hauptmann gibt ihm (mehr oder weniger nützliche) Ratschläge für ein besseres Leben (weniger Denken, weniger Hektik, Moral und Tugendhaftigkeit).
- Woyzeck wird zum Fürsprecher der Gerechtigkeit und des Volkes, Hauptmann vertritt die obrige Klasse.
- Bei der Argumentation beruft sich Hauptmann auf die Kirche und den Garnisonsprediger, Woyzeck aber auf die Bibel; Machtverschiebung zugunsten Woyzecks eingeleitet worden.
- Woyzeck spricht im Namen des Volkes („Wir"), Hauptmann dagegen nur für sich selbst („Ich").

2.6 Marie. Tambourmajor.
- Triebhafte Vereinigung von Marie und dem Tambourmajor.
- Nach gegenseitiger Bewunderung stürzen sich beide aufeinander (17/25f.).
- Marie lobt seine Männlichkeit (17/25-28).
  - → Als wäre er der einzige Mann auf der Welt mit solchen Eigenschaften.
- Der Tambourmajor prahlt, er hätte noch mehr zu bieten (17/29-32).
  - Beim Festtagesumzug am Sonntag trägt er weiße Handschuhe und einen Federbusch, Symbole der Kraft und Stärke.
- Marie entgegnet ihm Spott, ist aber doch von ihm fasziniert (17/33).
  - → Versucht ihn vom hohen Ross zu stoßen, damit der gesellschaftliche Unterschied nicht so hoch wirkt.
  - → Marie besitzt doch ein Gewissen, gesellschaftlichen Anstand und ein gewisses Schamgefühl.
- Der Tambourmajor lobt Maries weibliche Eigenschaften (Haar, Gestalt, Augen) (18/1-3).
- Sie sei es wert eine Tambourmajor-Zucht zu betreiben (18/2).
  - → Erhöht Marie zum Sinnbild weiblicher Schönheit um sie zu verführen, kein langfristiges Interesse zu erkennen.
- Beide stürzen sich aufeinander, es kommt zu einer Vereinigung (18/4-8).
- Marie weist ihn ab, was den Tambourmajor jedoch sexuell erregt (18/4-5).
- Er nennt Marie ein wildes Tier (18/5), da sie unberechenbar und triebgesteuert ist und vergleicht sie mit dem Teufel (18/6), da beide unsittlich sind.
- Marie ist dieser Vergleich egal, da die Sexualität den einzigen Ausweg aus ihrer trostlosen Lage darstellt.
  - → Möglicherweise wollte Büchner das, aus männlicher Sicht, irritierende Verhalten der Frau darlegen (18/4-9).
- => Der Dialog beinhaltet ein Wechselspiel aus gegenseitiger Bewunderung und wird gegen Ende hin kurzatmiger und knapper.

2.7 Marie. Woyzeck.
- Woyzeck beschuldigt Marie ihn betrogen zu haben (18/12-31).
- Sucht nach einer Geschlechtskrankheit an Marie (18/19-20).
  - → Findet keine Beweise für seinen Verdacht.
- Marie streitet alles ab (18/24-26).
  - => Woyzeck sieht in Marie nicht mehr die Frau, die er einmal kannte.
  - => Während des Gespräches wandelt sich menschliche Eigenschaft der Eifersucht / Angst vor Einsamkeit zu Aggression und Wahnsinn (in den Regieanweisungen wird Woyzeck bis zu V.27 Franz

genannt).

2.8 Woyzeck. Der Doktor.
- Doktor weist Woyzeck in die Schranken, weil dieser an die Wand uriniert hat (19/1ff.).
  → Wirft ihm sogar Vertragsbruch vor (19/7-9).
- Der Doktor duzt Woyzeck, Woyzeck muss ihn aber siezen: Doktor degradiert ihn zum Tier (19/6-7).
- Verallgemeinerung zeigt intellektuelle Hohlheit und Pseudowissenschaftlichkeit (19/8-9).
- Mit der Naturwissenschaft zog auch die Humanität in deutsche Universitäten ein, Doktor hält nichts davon, weshalb er die Welt als schlechter werdend ansieht.
- Doktor hat Woyzeck vertraglich zu der Erbsendiät verpflichtet, erhält 2 Groschen täglich (19/8, 25-26).
- Er will eine Revolution in der Wissenschaft herbeiführen (19/19-21).
- Ist bereit Woyzeck dafür leiden zu lassen, vielleicht sogar sterben zu lassen.
- Er wertet Gefühle und jegliche Menschlichkeit als schlecht und „unwissenschaftlich" ab (19/30f.).
  => Büchner erhebt den Doktor zum Monster.
- Woyzeck versucht sich zu erklären / entschuldigen (20/3ff.).
- Wandel von Tadelung des Doktors hin zur Bewunderung über den Wahn.
- Woyzeck interessiert sich nicht für das Experiment, nur für das Geld (20/23ff.).
- Woyzeck argumentiert mit der Natur, Doktor mit Wissenschaft und Selbstbestimmung (stereotypes Verhalten für „aufgeklärte" Menschen).
- Doktor interessiert sich nicht für Woyzecks Erklärungen, nur für seinen Geisteszustand (20/13f.).
- Behandelt Woyzeck wie einen Herrscher (19/25f.).
  → Tod einer Eidechse (Proteus) wäre für ihn schlimmer als der Tod Woyzecks.
- Woyzeck sieht in den Schwämmen (Pilze, wahrscheinlich der Hallimasch) Bilder und versucht diese zu deuten (20/14-17).
  → Fluoreszenz galt damals als Anzeichen für Schicksalsschläge.
- Anstatt Woyzeck medizinisch zu behandeln, bietet er ihm eine Gehaltszulage an um das Experiment fortsetzen zu können (20/18ff.).
- Doktor sieht Woyzeck als wertlos an, ist aber in gewisser Weise von ihm abhängig, da er sonst viel Zeit für einen neuen Probanten aufbringen müsste.
  => Mit fortschreitender Abnormalität wird Woyzeck wertvoller für den Doktor (Seite 20).

2.9 Straße.
- Expositorischer Teil 21/1 – 22/5.
- Hauptmann (der Adel) hat Angst um das feudale System(21/5-15), weil der Doktor (das liberale Bürgertum) nach Veränderung strebt.
- Doktor stellt eine baldige Todesprognose an den Hauptmann, erfreut sich daran und plant sadistische Experimente (21/16-27).
  => Gegenseitige Anfeindungen (21/32,34;22/,2,3,4-5) wie gegenüber Woyzeck.
- Hauptmann bezeichnet den Doktor als schlechten Menschen, weil er zu schnell gehe (21/8-10).
- Im Gegensatz zum Hauptmann ist der Doktor emsig und nutzt seine Zeit sinnvoll.
  => Klassenunterschied zwischen der müßiggehenden und produktiven Klasse.
- Konfrontation scheint ausgeglichen zu sein, Pattsituation wird aber nicht einfach hingenommen, sie stürzen sich auf Woyzeck, welcher zufällig vorbei kommt (22/7ff.).
- Nach Woyzecks Erscheinen wird die Bosheit auf ihn gelenkt (22/7ff.).
- Doktor und Hauptmann haben eine sadistische Seite und lieben es rangniedere, arme Menschen zu quälen.
- Plötzlich wurden die Feindseligkeiten untereinander beendet und eine gemeinsame Front gegen Woyzeck gebildet.
- Hauptmann vergleicht ihn mit einem Rasiermesser, verbindet mit Woyzeck nur die Rasur, nichts Menschliches.
- Der Hauptmann erzählt ihm von der Affäre zwischen Marie und dem Tambourmajor; erfreut sich an

Woyzecks Reaktion (22/17-32).
- Woyzeck fürchtet, dass ihm mit Marie letzter Bezug zum Leben genommen wird (22/33-35).
- Die gesamte Umgebung weiß von der Affäre Bescheid.
- Hauptmann reagiert schadenfroh und versteht Woyzecks Verwirrtheit nicht (23/8-10).
- Kann nicht verstehen, dass er Woyzeck verletzt hat, hat kein Mitgefühl.
- Woyzeck verfällt in einen Wahn (23/4-6, 13-21).
- Die Hölle wäre für Woyzeck nicht mehr schlimmer als das Leben (23/4-6).
- Woyzeck greift den Hauptmann indirekt an (22/35 Drohung), weshalb dieser wieder (Szene 5) verwirrt ist.
- Hauptmann fühlt sich von Woyzeck beleidigt (23/8-9, 29f.).
  => Hauptmann wurde zum zweiten Mal in seiner langsamen Lebensführung gestört.
- Der Hauptmann erkennt die Mordlust von ihm (22/8-9); Woyzeck will sich selbst umbringen (23/15-18).
  → Woyzeck flieht, da er sich den Gerüchten des Hauptmanns nicht zur Wehr setzen kann.
- Der Doktor ist erregt vom psychischem Leid Woyzecks (23/2-3,11-12), nahezu eine kindliche Freude, bietet ihm eine Gehaltszulage an (23/24).
- Hauptmann unterstreicht selbstgefällig seine Güte (21/32, 23/9,30).
  → Nicht-aktionaler, kommentierender Monolog, da er nur Bekanntes aus der Sicht des Hauptmanns wiedergibt.
  => Der Hauptmann ist nicht mutig, ging aus Pflichtgefühl und Liebe zum Leben in den Krieg, weder aus Patriotismus noch Tapferkeit (23/3f.).
  => Woyzeck verabschiedet sich nicht und meldet sich nicht vom Hauptmann ab, wie in vorigen Szenen.
  => Hauptmann spricht wieder (Szene 5) über die Definition eines guten Menschen, diesmal sei derjenige gut, welcher das Leben liebt, dankbar ist und keine Courage hat (23/30-31).
  → Formelhaft, keinerlei Bedeutung, leere Hülse.
  → Diese Information interessiert keinen, niemand hat danach gefragt.

2.10 Der Hof des Doktors.
- Professor steht am Fenster und belehrt die, im Hof stehenden Studenten (24/4).
- Selbsterhebung / Selbstaufwertung des Doktors, will skrupellos die Katze hinabwerfen (24/14-16).
- Es soll sich zeigen, ob sie immer auf ihren Beinen landen wird.
  → Zeigt Neugier des Doktors, Trieb selbst unbedeutende Bauernweisheiten (Eine Katze fällt immer auf die Pfoten) zu erforschen / untersuchen.
- Zynischer wissenschaftlicher Monolog des Doktors / Professors (24/1-12).
- Deutet seinen Unterrichtsstil an: Voller Fremdwörter, ohne Aussage, hektisch und sprunghaft.
  → Karikiert Vorlesungen und Versuchsanordnungen der realen Universitäten.
- Die Bosheit des Doktors offenbart sich als er bruchlos vom Tier- zum Menschenexperiment übergeht (24/22-23).
- Er präsentiert den Studenten Woyzeck als Versuchskaninchen, um den Unterricht anschaulicher zu gestalten (24/29f.).
- Studenten befühlen ihn wie irgendein Objekt oder totes Tier (25/2-3).
- Der Doktor ignoriert Woyzecks Leiden, erfreut sich sogar daran und fördert diese (25/1f.).
- Hippokratischer Eid ohne Bedeutung für den Doktor, Erkenntnisdrang dürfe über menschliche Opfer hinaus gehen.
  → Starke Kritik an dem Verhältnis der Naturwissenschaft zur Humanität.
- Der Doktor charakterisiert Woyzeck als evolutionäre Zwischenstufe (25/8ff.).
  → Behandelt ihn nicht wie einen ernstzunehmenden Menschen, Beleidigung sondergleichen.
  → Macht auf seine soziale Stellung aufmerksam indem er ihn als Gehilfen (aus-)nutzt (24/16-20) und ihn duzt, wohingegen Woyzeck ihn immer mit Herr Professor / Doktor anredet.
  => Woyzeck aus Liebe zu Marie bereit für das Geld zu Leiden, einziger Protest ist Resigniertheit.

2.11 Die Wachtstube.

- Andres sing ein einfaches Trinklied (fast schon ein Kinderlied) (25/20-22).
- Sing das Lied vom Wirtshaus der Lahn mit einer Magd und einen Soldaten.
  - → Erinnert Woyzeck an Marie und den Tambourmajor.
- Woyzeck spricht im Wahn vom Tanz (25/29,31).
- Vorausdeutung des Tanzes von Marie und dem Tambourmajor (26/8).
- Wegen Aufregung spricht Woyzeck in Ellipsen, ist unfähig in vollständigen Sätzen zu sprechen.
  - → Alles dreht sich vor seinen Augen, wegen emotionalem Schock des Fremdgehens versucht seine Psyche diesen Gedanken zu verdrängen.
- Woyzeck muss an die frische Luft, will zum Gasthaus der Lahn und den Tanz sehen (26/7-8).
- Innere Unruhe, völlige Verrücktheit, Angst vor Verlust.
- Andres versteht Woyzeck nicht, versucht aber auf ihn einzugehen.

2.12 Wirtshaus.

- Woyzeck beobachtet den Tambourmajor und Marie heimlich beim Tanzen (27/7-9).
- Überinterpretiert die vorliegende Szene, sieht es als totale Sünde an (27/14-20 (Sodom und Gomorrha)).
- Sieht darin den Verdacht / die Befürchtung des Fremdgehens bestätigt.
- Es entwickelt sich ein gewaltsamer Konflikt heraus, Woyzeck hasst den Tambourmajor (27/19-20).
- Zwei betrunkene Handwerker (versuchen zu) philosophieren (26/19ff.).
- Sind verblödet, betrunken, animalisch.
- Predigtparodie endet mit Wiederkehr des Todesmotivs „Bedürfniß der Soldaten sich todtzuschlagen" (27/30-31).

2.13 Freies Feld.

- Woyzeck muss immer wieder an die Szene im Wirtshaus und die Musik denken.
- Musik und deren Rhythmus klingen für Woyzeck immer eigenartiger, sodass er die Stimmen, welche ihm um Mord an Marie treiben, vernimmt (28/1-10).
- Innere Zerrissenheit / Zweifel Woyzecks werden deutlich.
- Viele Wiederholungen, Ausrufe, Fragen, Befehle und Anaphern weisen auf seinen Wahn hin.
- Woyzeck unterbricht Sätze und beginnt gedanklich neue; kann keine klaren Gedanken mehr fassen.
- Vernimmt die Stimmen aus dem Boden (28/6-7).
  - → Möglicherweise satanisch? Parallele zur Szene 1.
- „Stich! Stich!" - Viele st- und -ch Laute erzeugen einen spitzen Klang.
- Zum ersten Mal wird der Nachname der Marie (Zickwolf (28/8)) genannt.
- Wolf: Assoziation zu Gefahr, Mordlust; ein Raubtier.
- Zick: Klang eines Messers beim Stechen; scharfer, kantiger Laut.

2.14 Nacht.

- Woyzeck und Andres schlafen in einem Bett (28/14).
- Lässt Kameradschaftsgefühl entstehen, schweißt zusammen; sind gute Freunde geworden.
- Beide besitzen offenbar einen so niedrigen Rang, dass das Militär ihnen nicht einmal zwei Betten gewährt.
- Woyzeck kann nicht schlafen, hört Stimmen aus der Wand und Musik (28/15-18).
- Erinnerung an den Betrug Maries kann er / seine Psyche nicht verkraften.
  - Geigen sind ein Zeichen der Trauer oder der göttlichen Stimme.
    - Glaubte vielleicht, er wurde von Gott berufen um das Unrecht und die Sünde zu sühnen.
  - Stimmen aus der Wand zeugen wieder von der Fremdbestimmung.
- Spricht von einem Messer (28 /22) → Gedanke entstanden durch Worte „Stich! Stich!" (28/7f.).
- Andres versucht ihn zu beruhigen, nimmt ihn aber nicht Ernst genug und schläft wieder ein (28/19-20).

- Denkt es seine bedeutungslose Fieberträume, rät ihm zur Einnahme von Alkohol oder Medizin (28/23-24).

2.15 Wirtshaus.
- Woyzeck und der Tambourmajor treffen zum ersten Mal im Drama aufeinander.
- Woyzeck ahnt bereits, dass er ein Verhältnis mit Marie hat.
- Der Tambourmajor ist betrunken, prahlt und droht allen anderen mit Gewalt (29/5-11).
- Ist sehr selbstbewusst (29/5-6), „Ich bin ein Mann" (29/5) betont seine sexuelle Anziehungskraft.
- Derbe Sprache verdeutlicht Aggressivität, Rohheit und Dummheit.
- Alkoholsucht zeigt psychische Probleme.
- Wunsch „die Welt wär Schnaps" (29/10) zeigt einen damaligen Weg aus der Einsamkeit / Verzweiflung.
- Mit Befehlen und Drohungen versucht er seine Machtposition zu stärken.
- Animalisches Verhalten wie ein Silberrücken* oder Gorilla*.
- Woyzeck reagiert auf seine Einladung zu trinken mit einem Pfiff (29/9-12).
- Woyzeck hasst den Tambourmajor, da er mit Marie geschlafen hat; er kann ihn aber nicht zur Rede stellen, weshalb er sich nur provokativ zu pfeifen traut.
- Beide Kämpfen miteinander und Woyzeck verliert (29/13-23).
- Psychische und physische Schwäche Woyzecks kann sich nicht gegen den Körperbau des Tambourmajors behaupten.
- Alkoholkonsum und sein Charakter führen zu einer tiefen Demütigung Woyzecks; der Tambourmajor zeigt seine Macht und Überlegenheit (Sozialdarwinismus*).
  → Rachemotiv für Woyzeck, hat ihm den Stolz genommen.
  => Geschlechtliche Semantik: Der Tambourmajor als starker Mann (29/5) ↔ Woyzeck als schwache Frau (29/16).
- „Eins nach dem anderen" (29/24).
- Entweder Anspielung, dass der Tambourmajor dem Woyzeck zuerst die Frau, dann den Stolz und zuletzt das Leben nehmen wird oder dass sich Woyzeck zuerst an Marie und dann an den Tambourmajor rächen wird.

2.16 Woyzeck. Der Jude.
- Woyzeck ist bei einem jüdischen Händler um eine Waffe zu kaufen (29/27).
- Damals weitverbreiteter Antisemitismus aufgezeigt.
- Die Pistole ist für den armen Woyzeck zu teuer (29/28).
- Woyzeck entscheidet sich danach für das Messer (29/30-30/10).
- Jude erscheint wirtschaftlich und kaltherzig, denkt, dass sich Woyzeck umbringen will und zeigt kein Mitleid (30/1-5).

2.17 Marie (allein, blättert in der Bibel).
- Marie sitzt in ihrer Stube und ließt die Bibel (30/13).
- Fühlt sich schuldig wegen der „Affäre", zeigt, dass sie Woyzeck immer noch liebt und schätzt.
- Selbstreflexion Maries, findet kaum Trost in der Bibel (Religionskritik).
- Marie ließt die Geschichte über die Ehebrecherin (30/16-19).
- Parallelen zum eigenen Leben, hat nicht die Kraft zu sündigen aufzuhören (30/20).
- Marie macht sich Sorgen um Christian (30/21-23).
- Drängt sie zur Selbstreflexion, Schuldbekenntnis und Reue.
- Bemerkt Woyzecks lange Abwesenheit (30/29f.).
- Sehnt ihn herbei, möchte sich mit ihm Austauschen, doch er ist nie anwesend.
- Ihr wird heiß, sie gesteht sich ihre Schuld ein, wird davon überrumpelt.
- Schlägt sich auf die Brust und will Buße tun (31/1-3).
- Fühlt sich verängstigt und einsam, ließt deshalb Geschichte über Lazarus (30/30f.).

- „Alles todt" (31/2) Gefühlsleere in Maries Leben, Hoffnungslosigkeit, keine Perspektive.
  => Wie Woyzeck ist Marie auch gesellschaftlich verachtet, reagiert aber nicht mit Wahn, sondern mit Traurigkeit und Resigniertheit.

2.18 Kaserne.

- Woyzeck übergibt Andres seinen Besitz (31/8-24).
- Übergabe kommt einem Abschied, Testament gleich.
  → Andres ist der beste, vertrauteste (einzige) Freund des Woyzeck.
- „Du kannst's brauchen" - Woyzeck sorgt sich um ihn (31/9).
- Woyzeck hat sich in Szene 17 eine Waffe gekauft und will Marie seit Szene 13 umbringen.
- Will durch den Tod der Marie ihre Sünden auf sich nehmen, wie Jesus (31/13-16).
- Ahnt, dass er dadurch selbst geopfert werden wird (31/28-30).
  => Tritt als Rächer auf, vollzieht Gottes Gericht.
- „Die Mutter fühlt nix mehr" (31/17-18) – Parallele zu seinem Leben, findet keinen Halt, weshalb ihm das Leben und die Gefühle egal sind.
- Andres ist besorgt um ihn, will ihn ins Lazarett schicken (31/25-27).
- Woyzeck sieht dem Tod ins Auge (31/28-30).
- Noch wird der Leser im Unklaren gehalten, ob sich Woyzeck, Marie oder der Tambourmajor in den Sarg legen werden.

2.19 Marie mit Mädchen vor der Haustür.

- Marie sitzt mit Mädchen vor einer Tür (32/3).
- Szene wirkt idyllisch durch einfache Satzstrukturen, Parataxen.
- Ein Mädchen singt ein Volkslied (32/5-11) → Macht die Szene volkstümlich.
- Marie steht den Kindern distanziert gegenüber, weil sie über König Herodes sang und Gesang abbrach (32/21-23).
- Marie lässt Oma stattdessen aber ein Märchen erzählen (32/20 – 33/2).
  → Kontrast zum Rest wegen den Hypotaxen.
  → Steigerung der bedrohlichen Stimmung vom Lied über Herodes durch dieses Antimärchen.
  => Antimärchen / Kontrafaktur der Sterntaler von den Gebrüdern Grimm.
- **Sterntaler Märchen der Gebrüder Grimm:**
- Ein armes Waisenkind trifft auf seinem Weg bedürftige Menschen und teilt den letzten Besitz.
- Als das Mädchen nackt war und nichts mehr hatte, geschah ein Wunder und Gott schenkte ihr ein neues Kleid, ließ Geld vom Himmel regnen, sodass sie bis an ihr Lebensende reich war.
  => **Moral der Geschichte**: Gutes Handeln wird belohnt werden, auf Andere ist Verlass.
- **Antimärchen der Großmutter:**
- Ausgangssituation ist totale Einsamkeit und Zustand völliger Inkommunikation.
- Versuch diese durch transzendentale Instanzen zu überwinden, scheitert.
  → Traditionelle metaphysische trostspendende Instanzen werden als Illusion entlarvt.
  => Beklemmende aussichtslose Realität bleibt übrig.
- Zuhause ist alles tot, weshalb ein Mädchen verzweifelt loszieht um einen besseren Ort zu finden (32/24-27).
- Sonne, Mond und Sterne versinnbildlichen Personen, auf welche Woyzeck und Marie gehofft haben und enttäuscht wurden.
- „alles tot" (32/25) – Ausgangslage des Woyzeck und der Marie.
- Gelangt zum **Mond**, welcher nur eine Illusion und in Wirklichkeit ein faules Stück Holz ist (32/27-30).
  → Anlehnung an Szene 8 (Hallimasch); Vorausdeutung des Schicksalsschlages.
- Mond sind Hauptmann und Doktor in Woyzecks Leben: Man kann auf Holz bauen, da es stabil ist. Der Doktor hilft den Menschen aber nicht und schadet Woyzeck aus Sarkasmus und wissenschaftlichem Erkenntnisdrang; Hauptmann nutzt jede Chance um Woyzeck zu erniedrigen.
- Für Marie symbolisiert der Mond Woyzeck, welcher unberechenbar ist und unnützlich für die

Kindeserziehung.
- Geht zur **Sonne**, ist aber nur eine Illusion, in Wirklichkeit eine verwelkte Sonnenblume (32/30-32).
- Marie war für Woyzeck eine schöne Blume, doch wegen der Affäre ist sie für ihn verdorrt.
- Der Tambourmajor gibt Marie Hoffnungen auf einer bürgerliche Existenz und Wohlstand, nutzt sie aber nur aus und degradiert sie zur Hure. Marie ist das Opfer eines gesellschaftlich Bessergestellten.
- Wendet sich zu den **Sternen**, welche in Wirklichkeit auf Dornen gesteckte goldene Mücken sind (32/32-33).
- Versinnbildlichen die Gesellschaft, welche sich an Woyzecks Leid erfreut ohne ihm helfen zu wollen.
- Als das Kind zurück zur **Erde** kam, stellte es fest, dass die Welt nur ein umgestürzter Nachttopf ist und weint (32/34-35).
- Einsamkeit des Kindes zeigt die seelische Alleingelassenheit des Woyzeck an.
- Einsames Ende dieses Kindes hat auch Woyzecks Sohn Christian zu befürchten.
- Situation des Waisenkindes am Ende der Geschichte entspricht Situation Woyzecks nach dem Tod Maries: Ist einsam und auf sich allein gestellt.
  → Vorausdeutung der Handlung.
  => **Moral der Geschichte**: Einzelner ist auf sich allein gestellt, kann weder auf Gottes Hilfe noch auf Nächstenliebe hoffen.
- Woyzeck kommt und drängt Marie mitzukommen (33/4-7).
- Wie ein Scharfrichter holt er sie ab, spricht energisch (Ausrufezeichen 33/3), erschreckt sie (33/4), weil es untypisch für Woyzeck ist.
  → Marie erkennt die Gefahr aber aus Apathie kommt sie mit.

2.20 Marie und Woyzeck.
- Marie und Woyzeck unterhalten sich und entfernen sich von der Stadt (33/11).
- Marie fürchtet sich vor Woyzeck wegen ihrem schlechten Gewissen.
- Woyzeck hat sich in Maries Augen verändert (33/15), gleiches dachte Woyzeck auch in Szene 7.
- Es entsteht eine Anklagesituation, Woyzeck droht Marie mit einem Mord (33/18,25,29).
- Marie erkennt die Morddrohung (33/18) und versucht zu fliehen (33/19).
- Woyzeck betont, dass er Marie für eine Hure hält, empfindet aber noch etwas für sie (33/21-23).
  → Zeugt von der Bußfertigkeit und Inneren Zerrissenheit Woyzecks.
- „blutig Eisen" (33/29) – Marie erkennt die Gefahr, kann aber nicht mehr fliehen.
- Woyzeck ersticht und tötet Marie (33/30f.).
- Handelt im Wahn, vollzieht die Tat aber blutrünstig (33/32 – 34/4).
- Mord ist der Höhepunkt des Dramas.
- Nach der antiken Dramentheorie wäre Marie somit die Heldin des Dramas.
- Mord ist narzisstische Heilung der angegriffenen Mannesehre (Szene 15).

2.21 Es kommen Leute.
- Szene behandelt die Neugier und in gewisser Weise auch Abenteuerlust der Dorfbewohner.
- Ernüchternd sagt die zweite Person, dass schon lange niemand mehr ertrunken sei (34/10-11).
- Unheimliche Stimmung deutet auf Angst und Unwissenheit der Anwesenden hin (34/14-16).
  => Nicht in der Hoffnung helfen zu können, sondern in der Hoffnung als erstes dieses Spektakel erleben und darüber berichten zu können reizt die Einwohner zum Nachsehen an.

2.22 Das Wirtshaus.
- *Es liegt ein Wechselspiel aus Wahnsinn und Vernunft vor.*
- Woyzeck droht damit, dass alle irgendwann sterben müssen (34/22-23).
- Durch die Imperative spricht er direkt das Animalische im Menschen an.
  → Lehnt sich gegen die Urtriebe auf und spielt sich als Rächer Gottes auf.
- Tanzt mit der Magd Käthe und singen gemeinsam (34/24 – 35/15).
- Kontrast zur vorigen Aussage, Schizophrenie, versucht den Wahn zu unterdrücken.
- „Ich hab heiß" (34/30) – Innere Zerrissenheit, wegen dem grammatikalischem Fehler.

=> Nicht mehr richtig sprechen zu können zeigt, dass er nicht mehr Herr der Lage ist.
- „Du bist heiß! [...] wirst auch noch kalt werden" (35/3-4) – Innere Zerrissenheit, kann keine klaren Gedanken mehr fassen, hält sich geistig immer wieder den Mord vor Augen.
- Bemüht sich vernünftig zu werden und fordert Käthe auf ihn mit einem Lied zu beruhigen (35/4-5).
- Sündhaftes, laszives Lied führt wieder zum Wahn (35/7-10) → Möchte alle Sünder töten.
  => Findet Frieden im Gedanken, dass die Menschen seiner Umgebung in die Hölle gelangen werden.
- Käthe erkennt das Blut an der Hand von Woyzeck (35/16-20).
- Zieht Aufmerksamkeit der Leute auf sich, reagiert angeschlagen, antwortet nur noch in Ein-Wort – Sätzen.
- Sensationslust der Menschen offenbart.
- Narr zitiert ein Märchen und benennt das Blut als Menschenblut (35/29-30).
  → Übernimmt die Rolle des Richters auf revolutionäre Weise.
- Woyzeck wird zu nervös und sieht sich gezwungen zu fliehen (35/31-34).
- Bezichtigt die Anwesenden des Mordes, da ihm die Gesellschaft dazu getrieben hat.
- Sei kein Mörder, da er im Bewusstsein ist, einen Auftrag Gottes erfüllt zu haben.

2.23 Kinder.
- Kinder tuscheln untereinander über den Mord und wollen einen Blick auf die Leiche wagen (36/6-12).
- Nachricht vom Mord hat sich schnell verbreitet, alle Dorfbewohner „pilgern" zur Leiche.
  - Gegenseitige Ermahnung indem man über den Mörder urteilt.
- Büchner benutzt die Kinder stellvertretend für die Gesellschaft um die Sensationslust darzustellen.
  - Gesellschaftskritik, da sich erwachsene Männer und Frauen wie Kinder benehmen, die es nicht besser wissen (können).

2.24 Woyzeck allein.
- Monolog offenbart die Gefühle, innere Zerrissenheit und Hilflosigkeit des Woyzeck.
- Er weiß nicht wo das Messer ist, fürchtet eine Strafe (36/17-18).
- In seinen Wahnvorstellungen bildet er sich ein Marie zu sehen (36/20-25).
  - Ausdruck der Sehnsucht nach seiner Geliebten, seinem einzigen Halt in der Welt.
- Erinnert sich an ihre Sünde, wirft ihr sogar im Wahn Sündhaftigkeit vor (36/24-25).
- Sieht sich als ihren Retter an (36/23-24).
  => Kurze Sätze, Ellipsen, gedankliche Sprünge, Wahnvorstellungen und Ängste stechen heraus, liebliche Sehnsucht mischt sich mit religiösem Fanatismus.

2.25 Woyzeck an einem Teich.
- Woyzeck versucht seine Schuld zu verbergen und sie im Innern zu verdrängen.
- Verfolgungswahn und Angst ertappt zu werden zeugen vom Schuldbewusstsein.
- Woyzeck wirft das Messer zweimal in den See und fürchtet trotzdem noch überführt werden zu können.
- Woyzeck wäscht sich, damit sich die Szene 22 nicht wiederholt und er endlich vergessen kann.
  => Diese Taten zeugen nicht von einer Handlung aus Wahn, Zurechnungsfähigkeit des Woyzeck bewiesen.

2.26 Gerichtsdiener. Barbier. Arzt. Richter.
- Büchner stellt den Mord als öffentliche Sensation dar.
- Die immer gleiche Routine eines kleinen Dorfes lässt sie Menschen in allerlei mögliche Auswege entfliehen.
- Alkoholismus (Szene 15), Sexualität (Szene 6), Hedonismus (Szene 3) oder in der Verbreitung / Schaffung eines „Feindbildes" (Szene 1 Freimaurer).

2.27 Der Idiot. Das Kind. Woyzeck.

- Woyzeck steht kurz vor seiner Anklage, sein Christian wird von Karl (einem Idioten) unterhalten.
- Woyzeck versucht die Liebe seines Sohnes (zurück-)zugewinnen (37/26-27, 38/1-3).
- Nach dem Mord an Marie war Christian sein einziger Halt und dieser wendet sich nun auch von ihm ab.
  => Am Ende des Dramas ist Woyzeck völlig isoliert und ohne Halt im Leben.

3. Die Figuren im Werk.

- Alle im Werk auftauchenden Figuren lassen sich in zwei Personengruppen unterteilen,
- **Die gehobene Schicht**: Spitze der sozialen Hierarchie, Hauptmann, Doktor, Unteroffizier, Offizier, Garnisonsprediger, Polizeikommissar, Professor, Richter, Anwalt.
- **Die untere Schicht**: Woyzeck, Marie, Tambourmajor, der Idiot, Handwerker, Mägde, Margarethe, Christian, Andres, Jude, Marktschreier, Schausteller.
- Interessant ist die **Typisierung** der Charaktere:
- Franz Woyzeck und Marie Zickwolf sind als vollständige Individuen dargestellt.
- Andres, Karl und Käthe sind auf ihren Beruf und besondere Charaktermerkmale reduziert worden (Soldat, Idiot, Dienstmagd).
- Doktor, Hauptmann, Tambourmajor und Richter sind auf die (soziale) Macht ihrer Schicht reduziert.
- Jude, Marktschreier und Handwerksburschen wurden jedweder Individualität beraubt.

3.1 Woyzeck.
*Woyzeck ist im Stück die gequälte Kreatur, welche sich durch schonungslose
Entblößung ihrer hässlichen Schönheit zum Helden macht.*
- **Allgemeine Informationen über Woyzeck:**
- Friedrich Johann Franz Woyzeck (31/20f.) ist Füsilier (9/30) und 30 Jahre alt (31/20f.).
- Stammt aus einer niederen sozialen Schicht, ist eine Randexistenz, ein Plebejer, ansatzweise Proletarier.
  → Hauptperson der Handlung, aber kein Held im ästhetischen Sinne.
- Ist sehr arm und muss sich mittels Stöcke schneiden (9/2), Rasieren des Hauptmannes (15/16) und einer Erbsendiät (20/24) einen Zusatzverdienst erarbeiten.
- Dadurch ist Woyzeck vergeistert, verrückt, dürr und hat dünne Haare (24/14-15).
  → Benötigt Geld aber nicht zum Überleben, möchte Marie damit ein schönes Leben ermöglichen (siehe Analyse Szene 3).
- **Informationen über den Charakter Woyzecks:**
- Woyzeck wird von der Gesellschaft missverstanden.
- Andres versteht seinen Wahn nicht (9/20f.).
- Woyzeck erfährt keinerlei Vorteile von der Gesellschaft, weshalb er sich ausschließlich auf seine eigene Familie konzentriert → Ist vom gesellschaftlichen und sozialen Leben ausgeschlossen.
- Marie nennt ihn vergeistert und übergeschnappt (11/19-23).
  - Woyzeck möchte Marie den Lebensstandard ermöglichen, welchen sie verdient hat; führt zur Entfremdung beider.
  - Nimmt harte Arbeit und gesellschaftlichen Spott auf sich um Marie und das Kind zu versorgen (→ Wahre Liebe).
  - Als sich Marie von ihm abwendet, zerfällt alles, wofür er so hart geschuftet hatte.
- Woyzeck fehlt die Sprache um sich angemessen ausdrücken zu können (17/12) und muss seine Gedanken zuerst ordnen (9/9f.).
- Woyzeck ist in ständiger Eile (15/17-25) und eilt von Beschäftigung zu Beschäftigung (22/6f.), weshalb er keine zwischenmenschlichen Beziehungen (außer zu Marie) aufbauen kann.
- Wegen seinen zahlreichen Unternehmungen und dem Wahnsinn nimmt er seine Umgebung anders wahr.
- Erkennt die Wünsche und Sehnsüchte Maries nicht (14/28-15/2).
- Hat seine gesellschaftliche Situation anerkannt und lehnt sich nicht dagegen auf (Szene 5: kein Beklagen, nur Schilderungen).

- Die höheren Schichten verachten und misshandeln Woyzeck.
- Ist der Entmenschlichung und Entwürdigung des Militärs ausgeliefert, da er keine Alternative hat (außer betteln oder Marie verlassen, was beides nicht gewollt ist).
- Hauptmann und Doktor reden ihn nicht vornehm an (16/15-16; 19/6).
- Hauptmann macht sich über Woyzecks militärischen Gehorsam (16/14-15) und seinen Lebensstil lustig (16/17f.).
- Sein unehelicher Sohn isoliert Woyzeck von der Gesellschaft.
- Eine Hochzeit ist zu teuer, darum hat er nicht die Möglichkeiten sich an die geltenden Moralvorstellungen zu halten (16/29-17/15).
  => Für moralische Bedenken um ein uneheliches Kind und gesellschaftliche Werte wie Moral und Tugend fehlen Woyzeck die finanziellen Mittel, die Zeit und die sozialen Möglichkeiten.
- Doktor behandelt ihn wie ein ersetzbares Ding ohne jeden Wert (19/33f.).
- Degradiert ihm zum Versuchsobjekt und Gegenstand der wissenschaftlichen Betrachtung (25/8-14).
- Woyzeck ist weitaus mehr als er auf dem ersten Blick zu sein scheint.
- Ist ein tiefsinniger Denker, bibeltreu und radikalchristlich (16/22ff.).
  → Findet trotzdem keinen Trost im Glauben (16/32-34).
- Kann dem Hauptmann etwas auf geistig-argumentativer Ebene entgegensetzen (16/22ff.), dem Doktor aber nicht (20/3f.).
- Tötet Marie blutrünstig und gewissenlos (33/30f.).
  → Ist eher Verzweiflungstat, nicht aus Eifersucht entstanden; kommt sozialem Selbstmord gleich.
- Woyzeck leidet unter Wahnvorstellungen.
- Bedingt durch das Erbsenexperiment, Doktor fördert den Wahn mit Freuden (23/24).
- Verfolgungswahn (11/15-16) wechselt sich mit Phasen der Vernunft ab (Szene 3).
- Träume sind geprägt von Isolation und Erniedrigung.
- Als er vom Betrug / Verrat der Marie erfährt, überwiegen die Phasen des Wahnsinns.
- Höhepunkt ist das Vernehmen der Mordbefehle (28/6-10).
- Fremdbestimmtheit zeigt sich, ist nur in der Lage schwächstes Glied aus seinem Umfeld zu „bestrafen."
  → Tötet weder Tambourmajor, Doktor oder Hauptmann, sondern einzige Möglichkeit auf menschlichen Kontakt.
  => Sozialer Determinismus verdeutlicht sich.
- Vergleicht sich mehrmals mit Jesus (9/5-9; 31/13-16; 36/23-24).
- Ist bereit zu sterben, vollzieht Gottes Gericht, hat Marie von ihren Sünden befreit und nimmt eigenen Tod bereitwillig in Kauf.
  → Wirkt entpersönlicht, da vom Wahn getrieben wird (33/3-7).
- Szene 22 zeigt Wechselspiel zwischen Wahn und Vernunft am deutlichsten.
  => Woyzeck löst in seiner Umgebung Unverständnis und Ängste aus.
- Die Mannesehre und der Stolz lässt sich Woyzeck nicht nehmen.
- Woyzeck ist anspruchslos, fügsam und bescheiden, aber weder sklavisch noch ehrlos.
- Sinnt auf Rache dafür, dass der Tambourmajor mit seiner Geliebten geschlafen hat (29/12f.).
- Trotz der Niederlage vergehen Rachegelüste nicht (29/24), wegen einer öffentlichen Demütigung.
- Woyzecks Leben wird von außen bestimmt.
- Zapfenstreich beendet Szene 1(9/30).
- Kann nicht bei Marie bleiben, muss zur Kaserne (11/9).
- Hauptmann entlässt ihm von seiner Tätigkeit (17/16-20).
- Wird von der inneren Unruhe getrieben (26/7), lässt sich von Stimmen zum Mord verleiten (28/7-10).
- Flieht vor den Leuten von der Mordstelle (34/3) und aus dem Wirtshaus (35/31ff.).
- **Informationen über die Beziehungen Woyzecks:**
- Ist mit Marie liiert und haben einen gemeinsamen Sohn (15/2-7).

- Nimmt körperliches und psychisches Leid auf sich, damit Marie ein anspruchsvolleres Leben führen kann, möchte sich nicht mit ihr Streiten (15/2).
  → Konflikt brodelt unter der Oberfläche und wird unaufhaltsam ausgeweitet.
- Wegen dem Ernährungsexperiments verschlechtert sich seine physische Gestalt (24/14-15), sodass er für Marie unattraktiv wird.
- Außer der Liebe zu Marie besitzt er nichts im Leben, weshalb ihn ihre Affäre tief trifft (22/33f.).
  → Marie provoziert ihn durch den Treuebruch sich gegen den sozialen Determinismus aufzulehnen (siehe Mordmotive).
- Ist mit Andres befreundet, um welchen er sich fürsorglich kümmert (31/9).
- Andres treibt ihn mit seinen (unpassenden, aufreizenden) Liedern zum Wahnsinn (9/10-12; 25/19-23; 26/1-5).
- Ist dem ranghöheren Hauptmann ausgeliefert (16/14-15).
- Wird beleidigt und schonungslos degradiert.
- Dennoch vertrauen beide einander ihre Probleme und Nöte an (setzt ein gewisses Vertrauen / Vertrautheit voraus).
  => Woyzeck ist dem Hauptmann nicht schutzlos ausgeliefert, hätte auch einen anderen Zusatzverdienst annehmen können.
- Ist mit dem Doktor vertraglich über eine Erbsendiät einig geworden (20/24).
  → Ist nicht mehr als ein Versuchsobjekt, aber nicht so einfach zu ersetzen.
- Verfeindet mit seinem Gegenspieler, dem Tambourmajor (29/12f.).
- Ist ihm physisch und psychisch unterlegen (29/14-15).
- Woyzeck trifft im gesamten Drama nur am Ende auf seinen Sohn, als sich dieser von ihm abwendet (37/26-27; 38/1-4).

3.2 Marie.
- **Allgemeine Informationen über Marie:**
- Marie Zickwolf (28/8) ist Mutter (10/22-25) und Geliebte des Woyzeck (11/8f.).
- Ist arm, Lebenssituation und fehlende Möglichkeit des sozialen Aufstieges treibt sie in den Hedonismus (Seite 10-11).
- Ist wunderschön (12/32f.; 18/1-3), hat schwarze Haare (36/24) und wird als wildes Tier (wegen sexueller Unsittlichkeit) beschrieben (18/5).
- **Informationen über den Charakter Maries:**
- Marie ist erotisch und lüstern.
- Schaut den schönen Soldaten, besonders dem Tambourmajor nach (10/10-21).
- Tanzt ungeniert, wild und lüstern mit dem Tambourmajor (27/10-20).
  → Ist dem Balzverhalten des Tambourmajors gegenüber aufgeschlossen.
  => Sieht sich nicht dem Woyzeck gehörig, als nicht an ihn gebunden an.
- Lässt sich auf Tambourmajors Spielchen ein (18/4ff.).
  → Ihr ist egal, dass Woyzeck sein Leben für den Erhalt der Familie riskiert.
  => Maries Charakter macht keine lineare Entwicklung durch, wird als spontan dargestellt.
- Marie sehnt sich nach sozialem Aufstieg und Wohlstand.
- Lässt sich von Luxus und Besitz beeindrucken (14/16).
  → Lässt sich generell sehr leicht beeindrucken (Szene 3 Jahrmarkt).
- Ist mit Woyzeck verbunden, hat aber auch Bedürfnisse, welche er nicht befriedigen kann.
- Fühlt sich wegen der Affäre schuldig (20/14-23), ist bußbereit (31/1-3).
- **Informationen über die Beziehungen Maries:**
- Ist unglücklich mit Woyzeck liiert (11/8f.).
- Ist von dessen Wahnvorstellungen erschreckt (11/19-23) und erkennt, dass er für die Kindererziehung nicht zu gebrauchen ist.
- Ist aber (noch) finanziell von ihm abhängig (15/5f.).
- Durch Woyzecks Bemühungen die Liebe zu Marie zu verdienen, entfremden sich beide immer mehr von einander; wegen Woyzecks Kommunikationsproblem wird Konflikt nicht beigelegt und endet

in Affäre und Mord.
→ Marie treibt Woyzeck durch die Affäre zum Aufbegehren gegen sozialen Determinismus (siehe Mordmotiv).
- Steht ihrem eigenen Sohn distanziert gegenüber.
- Degradiert ihm zum Zigeunerkind, belädt ihm mit ihren Problemen (10/26-11/6) und macht ihm Angst (14/7f.).
- Sorgt sich trotzdem um ihn (30/21-23).
- Steht anderen Kindern ebenfalls distanziert gegenüber, da sie vom König Herodes singt und Lied schnell abbricht (32/21-23)
- Hat eine romantische Beziehung mit dem Tambourmajor (18/4ff.).
- Ist von seiner physischen Gestalt und der Aussicht auf ein besseres Leben angetan (10/7-13; 14/16-26).
- Fühlt sich durch seine Aufmerksamkeit geschmeichelt und mehr wert (17/26-28).

3.3 Tambourmajor – Der Macho.
- **Allgemeine Informationen über den Tambourmajor:**
- Besitzt einen Rang unter Hauptmann und Offizier, gehört gleicher Schicht an wie Woyzeck.
  → Anstatt sich innerhalb der sozialen Schicht zu helfen kommt es zu einer weiteren Hierarchie.
- Stellt den Verführer der Marie und Gegenspieler Woyzecks dar, wird auf seine äußerliche Anziehungskraft auf andere Menschen reduziert (deshalb kein Vorname).
  → Vertritt die männliche Triebhaftigkeit und Potenz.
- Führt den Zapfenstreich an (10/4-10), leitet Festtagsumzug der Militärkapelle (17/29-32).
- Wird als Löwe beschrieben, großer, standhafter, kräftiger Soldat (10/7-8), bärtig und muskulös, schön (17/25-28, 31-32).
  => Ist ein „Bote aus der Fremde:" Bringt Dynamik in die statische Handlung hinein.
- **Informationen über den Charakter des Tambourmajors:**
- Animalisch, will sich mit Marie züchten (18/1-3).
- Wild, leidenschaftlich, ungezügelt (18/1-8; 27/10f.).
- Selbstbewusst, stark, aggressiv, temperamentvoll, leicht reizbar, genusssüchtig (29/5-21).
- Imponiergehabe (Dreifache verbale Attacke auf Woyzeck (29/8-9,16,18).
- Ist innerlich schwach: flüchtet sich in Alkohol (29/9-11) und vergreift sich an körperlich Unterlegenen (29/13ff.).
- Wild, unverschämt und plump (18/2f.).
- **Informationen über die Beziehungen des Tambourmajors:**
- Hat ein Verhältnis mit Marie (18/1-8) → Sieht sie nur als Objekt seiner Begierde an.
- Ist gesellschaftlich hoch angesehen, weil er gut gekleidet, stark und schön ist (10/4-10).
- Kann Woyzeck aufgrund seines Dienstgrades Befehle erteilen.
- Bereiche, in denen er Woyzecks Leben zerstört:
- *Familie*: Nimmt ihm die Marie weg (18/1-8).
- *Beruf*: Übertrifft ihn als einfachen Soldaten (10/7-15).
- *Soziale Stellung*: Macht Woyzeck zum Gespött (22/17f.).
- *Freizeit / Unterhaltung*: Woyzeck verbringt weniger Zeit mit Marie (30/29-30) als früher (Szene 3).
- *Individuelle Kraft*: Besiegt Woyzeck, raubt ihn seinen letzten Stolz, verletzt seine Mannesehre (29/15).
- *Besitz*: Treibt Woyzeck dazu sein Geld nicht mehr für Marie (15/5-8), sondern für ein Messer auszugeben (30/1-8).

3.4 Doktor – Das Monstrum.
- **Allgemeine Informationen über den Doktor:**
- Wissenschaftler, liberales Großbürgertum, Vertreter einer neuen, jungen, vitalen, die gesellschaftlichen Verhältnisse dominierenden Klasse des Bürgertums, einer angesehenen Schicht.

- Ist eine Karikatur von Büchners Anatomieprofessor in Gießen, Johann Bernhard Wilbrand.
- Streitet gegen das rückständige politische und soziale System des Feudalismus und der Aristokratie.
- Bürgerliche Gesellschaftsordnung beruht nicht auf militärische Unterdrückung, sondern auf eine Unterdrückung durch vertragliche Vereinbarungen (19/25-26).
  → Vertragssystem ist ein subtilerer, ausgeklügelterer und berechtigterer Unterdrückungsmechanismus als das Feudalsystem.
- Zu der Zeit Büchners waren Ernährungsexperimenten üblich, da man neue Lebensmittel für die Soldaten ausprobieren wolle um sich einen Platz in der Wissenschaft zu sichern.
- **Informationen über den Charakter des Doktors:**
- Die Wissenschaft erhebt sich über die Natur.
- Gefühle sind strikt abzulehnen (19/31-31).
- Willenskraft unterscheidet zwischen Mensch und Tier (19/6-7).
- Der Doktor ist nur ein Pseudowissenschaftler.
- Verwendet intellektuell hohle Phrasen (19/8-9).
- Der Doktor ist skrupellos.
- Versucht zu zeigen, dass der Wille den Körper kontrollieren kann, versucht es skrupellos an Woyzeck (19/8-9).
  => Missbraucht Woyzeck für seinen Erkenntnisdrang und Streben nach Anerkennung in dem ewig andauernden Konkurrenzkampf innerhalb der Wissenschaft (19/19-20).
- Tod einer Eidechse (Proteus) wäre für ihn schlimmer als der Tod Woyzecks (19/25f.).
- Nahtloser Übergang von Tier- zu Menschenversuch (24/22-23).
- Behandelt Woyzeck menschenverachtend, beraubt ihn seiner menschlichen Attribute und degradiert ihm zum Tier / wissenschaftlichen Objekt (25/1ff.).
  → Parallelen zu Mengele und Heydrich.
  => Betrachtet den Menschen als Exemplar einer im Überfluss vorhandenen Art (19/25f.).
  => Büchner stellt damit überspitzt die Vertreter der Aufklärung als rational-berechnende, kalte Monster dar.
- Ködert Woyzeck mit Gehaltszulagen, damit er das Experiment nicht abbricht (23/24).
- Der Doktor ist pervers.
- Erfreut sich permanent an Woyzecks Leiden und fördert diese bewusst (23/2-3,11-12,24).
- Schreckt auch nicht davor zurück an sich selbst Experimente auszuführen (19/27-29).
- Der Doktor ist emsig und nutzt seine Zeit (sinnvoll) → Wird der Gegenspieler des Hauptmanns.
- **Informationen über die Beziehungen des Doktors:**
- Streitet sich mit dem Hauptmann, da beide gesellschaftliche Schichten miteinander verfeindet sind (21/5-22/5).
- Behandelt Woyzeck von oben herab, spielt sich als Herrscher auf (19/25f.).
- Behandelt Woyzeck wie ein störrisches Maultier (25/8f.).
- Woyzeck ist wirtschaftlich abhängig von ihm (19/8), der Doktor benötigt ihn aber als Versuchsobjekt (23/24).
  => Für den Doktor zählt nur die Wissenschaft, keine zwischenmenschlichen Beziehungen (19/4f.).

3.5 Hauptmann – Der adelige Offizierstrottel.
- Der Feudalismus befand sich während dem deutschen Vormärz in einer Verteidigungsstellung.
- Die Aufklärung entzog diesem System die Legitimation, Führungsschichten wurden mit dem niederen Adel (Hauptmann) besetzt.
  => Hauptmann spiegelt Ängste und Motivation der feudalistischen Gesellschaft wieder.
- Hauptmann will soziale Revolution oder Veränderungen jeder Art verhindern.
- Angst vor Revolution drückt sich in Abneigung vor schnellen, nicht zu kontrollierenden Bewegungen aus (16/9-19).
- Furcht vor Mäusen (16/10-11): Nisten sich im Haus ein und können nicht wieder vertrieben werden.
- Bibelargument Woyzecks (16/21-25) macht Hauptmann hysterisch und ängstlich (16/26-28).
- Hauptmann will gesellschaftlichen Status quo erhalten.

- Schwafelt über Ewigkeit (15/27-31).
- Aufforderung an Woyzeck sich seine Zeit einzuteilen(15/24-25).
- Soll Woyzeck beschäftigen und vom Denken abhalten, sonst könnte er sich gegen die Unterdrückung auflehnen.
- Das feudalistische System fußt auf blindem Gehorsam gegenüber der Autorität und der Kirche.
- Vortrag über die Einhaltung der Moral ist sehr ungenau, inhaltslos und unfundiert (16/14-21).
  → Moral ist für Hauptmann nur eine Form, die man einzuhalten hat, ein gutes Wort (16/17-19).
- Hauptmann droht Woyzeck ihn zu erschießen, als er ihm böse anschaute (23/7-10).
- Der Feudalismus lässt sich nichts gefallen und zeigt Entschlossenheit.
  → Vorausdeutung des **23. Juli 1849**.
- Der Hauptmann wird als adeliger Offizierstrottel, Idiot und Dummschwätzer dargestellt.
- Ging nur zum Militär um seine Liebe zum Leben zu bekunden, nicht aus Patriotismus oder Ehre (23/3f.).
- Schnelligkeit stört ihn, er liebt es lieber ruhig und braucht Zeit um Dinge zu verrichten.
  → Übergewichtig?
- Tautologische Aussagen (15/29-30; 16/17-18) lassen ihn dumm erscheinen.
- Der Hauptmann hält viel von Liebe und Sinnlichkeit.
- Ist sentimental und emotional (Regieanweisungen 16/11,15,17;17/7).
- Ist ein Voyeur, findet er erregend den jungen Mädchen hinterherzuschauen (17/1-5).
- Beim Anblick von Marie und dem Tambourmajor kam ihm die Liebe (22/30-31).
  → Hypothese von Matthias Langhoff: Hauptmann hatte bereits früher mit Marie ein Verhältnis, weshalb er Woyzeck als Barbier einstellte.

3.6 Andres – Der ratlose Freund.
- **Allgemeine Informationen über Andres:**
- Kamerad von Woyzeck (9/4,5,30), Zimmer-, Bettgenosse (28/14), gehört zur selben sozialen Schicht (9/4).
- Tritt immer nur mit Woyzeck auf, niemals allein, könnte rationales Gegenbild Woyzecks sein.
  → Ist jemand / etwas „Andres" als Woyzeck.
  - Der historische Woyzeck vernahm auch Stimmen, als er glaubte allein zu sein.
  => Büchner beschäftigte sich mit der Thematik der doppelten Natur des Menschen u.a. in den Werken von Adalbert von Chamissos „Peter Schlemihls wundersame Geschichte" (1814) und E.T.A. Hoffmann „Die Geschichte vom verlorenem Spiegelbilde" (1815).
- **Informationen über Andres Charakter:**
- Sorgt sich um Woyzeck (31/25-27), ist fürsorglich und aufmerksam.
- Kann ihn aber nicht verstehen (Szene 1), deshalb keine tiefgreifenden Gespräche oder sinnvolle Hilfe.
- Triebhaft, verspielt, animalisch (25/20-22).
- Singt gerne, aber steigert damit Woyzecks Wahn:
  - Singt ein Hasenlied, in welchem am Ende beide Kaninchen erschossen werden (9/10-12).
    → Steigert Woyzecks Weltuntergangsphantasien und Freimaurerparaneuer.
  - Sind das Lied vom Gasthaus an der Lahn über eine Magd und einen Soldaten (25/19-23; 26/1-5).
    → Woyzeck muss dabei an Marie und den Tambourmajor denken und versucht diese zu finden.
- Lebt nach dem militärischen Drill und Befehlen (9/30).
- **Informationen über Andres Beziehungen:**
- Bester / einziger Freund des Woyzeck (31/7-12).

4. Weiterführende Interpretationen und Analysen.
   4.1 Büchners Intention.

4.1.1   Umbruch in der zeitgenössischen Justiz.
- Bis ins 18. Jahrhundert war Wahnsinn durch Vorliegen einer Wahnvorstellung definiert.

- Der französische Arzt Philippe Pinel erkannte Wahnsinn als „Manie ohne Delirium."
- Er verbindet Melancholie und Wahnsinn mit Delirium und Idiotismus.
- Melancholie wirkt sich negativ auf das Gemüt aus, Wahnsinnige verlieren den Verstand nicht, sind von Raserei getrieben, welches das Willensvermögen einschränkt.
- Johann Christian Reil sah Wahnsinn als „Wut ohne Verkehrtheit" an.
- Wahnsinnige begehen Grausamkeiten ohne Empfinden von Lust, Unlust, Leidenschaft, Täuschung etc.
  => Wahnsinn wandelt sich vom Oberbegriff zur spezifischen Krankheitsform.
- Im 18. Jahrhundert hat sich die Psychiatrie als autonome Disziplin etabliert.
- Psychiater stellen sich Grundfragen nach dem Wesen der Seele und dem Verhältnis Seele ↔ Körper.
- Laut Hegel und Kant ist Wahnsinn eine Form selbstverschuldeter Unvernunft.
- Wahnsinn sei eine göttliche Strafe für eine unmoralische Lebensführung.   ˗
  => Moralisch-christlich-religiöse Auffassungen werden in psychologische Differenzierung miteinbezogen.
- Im 19. Jahrhundert entstand die **Frage nach der Zurechnungsfähigkeit** in der Justiz.
- Die Gerichtsmediziner wurden wegen der Aufklärung, Psychologisierung und Humanisierung der Strafjustiz sensibler gegenüber der Zurechnungsproblematik.
- Vertreter der Restauration warnen vor einer Strafmilderung, da das Wohl des Staates Priorität habe.
- Durch die Rechtsaufklärung wandelte sich das Tatstrafrecht zum Täterstrafrecht.
  => Nicht mehr die Tat, sondern der persönliche Hintergrund wird bestraft, schade an meisten.
- Zwar wurden die Kriterien der Zurechnungsfähigkeit neu definiert, aber Wahnsinn, Melancholie und Krankheiten aus der Kindheit verblieben als Kriterien für die Zurechnungsfähigkeit.
- Samuel Freiherr von Pufendorf setzte Prinzip der Willensfreiheit als entscheidendes Kriterium für die Zurechnungsfähigkeit fest.
  → Wird die Willensfreiheit aufgehoben, ist der Täter unzurechnungsfähig.
  => Dadurch viele Spielräume entstanden, zweifelhafte und kontroverse Verurteilungen erfolgen.
- ABER: Gerichtsmedizin erhält Kompetenzenzuwachs und wird institutionalisiert.
- Psychische Krankheiten wurden nicht mehr als unverschuldet anerkannt, sondern als schuldhafte Hinwendung zum Bösen und als aktive Loslösung der Vernunft dargestellt.

4.1.2 Das Mordmotiv im Drama.

- In der modernen Literaturforschung haben sich hoch-komplexe Interpretationsansätze herausgebildet, welche alle samt mit einer investigativen Hartnäckigkeit darauf fokussieren das Mordmotiv Woyzecks, bzw. den Gedankengang Büchners nachvollziehen zu können. Dabei werden äußerst viele Faktoren berücksichtigt, vor allem aber die vier unterschiedlichen Entwicklungsstadien / Handschriften des Autors. Eine detaillierte Ausführung dieser investigativen Nachforschungen findet sich beim Autor <u>Christian Milz</u>[1] und umfasst 238 Seiten.
- Die folgenden Aspekte werden oberflächlich und grob behandelt, was aber durchaus hinreichend ist um zu erkennen, dass kein einzelner Aspekt allein den absoluten Wahrheitsanspruch besitzen kann. Viele miteinander korrespondierende Faktoren beeinflussten Woyzeck und verleiteten ihm zur Ermordung Maries.

- **<u>Eifersucht:</u>**
  - Woyzeck ist unsterblich in Marie verliebt, will ihr einen Lebensstil ermöglichen, welchen sie – seiner Meinung nach – auch verdient hat (Szene 3; 15/5).
    - Verdient sich Geld mit Stöcken schneiden (9/2), Rasieren des Hauptmannes (15/16) und einer Erbsendiät (20/24) um es ihr zu geben (15/5f.) oder sie zu unterhalten (Szene 3).
    - Ist äußerst eifersüchtig und überinterpretiert die Situationen gelegentlich (27/10f.).
    - Als er vom Treubruch erfährt ist er außer sich vor Wut (22/33-35).
    => Mord aus Eifersucht, möchte Marie nicht an irgendjemanden verlieren; wenn er Marie nicht haben kann, soll sie auch sonst niemand bekommen.

---

1 Georg Büchner: Dichter, Spötter, Rätselsteller. Entschlüsselungen (Passagen Literaturtheorie) (ISBN: 978-3709200537)

- **Sozialer Determinismus:**
- Woyzeck gehört der untersten sozialen Schicht an und genießt keinerlei gesellschaftliche Privilegien.
- Diskriminierung durch den Hauptmann (16/14-15; 23/7-10) und menschenverachtendes Verhalten des Doktors (19/6-9, 33f.; 23/24; 25/8-14) laden eine gewisse Wut im Woyzeck auf.
  - → Kein Ausbruch, da seine Familie ihm Halt im Leben gibt.
  - → Findet keinerlei Halt in der Religion (16/33-34), ist aber bibelfest (16/22-25).
- Als er von Maries Treuebruch erfährt, verliert er jeden sozialen Halt.
  - → Ist der Tropfen, der das Fass zum Überlaufen bringt.
- Kann sich weder am Tambourmajor (29/15), noch am Doktor (19/25-26 der Vertrag) oder am Hauptmann (militärischer Gehorsam) vergehen / rächen, deshalb am schwächstem Glied der Kette: an Marie.

- **Verzweiflungstat:**
- Woyzeck sieht nur einen Sinn in seinem Leben: Seine Familie zu versorgen (15/5f.).
  - Verdient sich Geld mit Stöcken schneiden (9/2), Rasieren des Hauptmannes (15/16) und einer Erbsendiät (20/24) um es ihr zu geben (15/5f.) oder sie zu unterhalten (Szene 3).
  - → Entspricht der patriarchalen Vorstellung des Lebens und den klassischen Geschlechterrollen.
  - → Religion ist für Woyzeck nur ein soziales Gesprächsthema, gibt ihm keinen Halt (16/22ff.).
- Durch den Treuebruch der Marie verliert er seine „Bestimmung" und entfremdet sich zunehmend von seiner Familie (30/29-30).
  => Mord an Marie kommt sozialem Selbstmord gleich, leistet (zumindest historisch) keinen Widerstand bei der Verhaftung und leugnet Verbrechen nicht.

- **Wahnsinniges Hirngespinst:**
- Woyzeck leidet an psychischen Störungen und halluziniert gelegentlich (Szene 1).
  - → Löst bei der Umgebung Unverständnis und Furcht aus (9/20; 11/19-23).
- Erbsenexperiment des Doktors verstärkt den Wahn zusätzlich (20/18-31; 23/24).
- Verfolgungswahn (11/15), Paranoia (25/29) und letztlich die Eifersucht (27/7f.) treiben seine Wahnvorstellungen in die Höhe.
  - → Zuvor wechselten sich Phasen des Wahns (Szene 1 und 2) mit Phasen der Vernunft ab (Szene 3 bis 5), nun überwiegt die wahnhafte Phase.
  => Höhepunkt des Wahnsinns bildet das Vernehmen des Mordauftrages (28/7-10) und der anschließende Kauf eines Messers (30/1-8).
  - → Fremdbestimmung, kein eigenmächtiges Handeln.
- Nach dem Mord endet der Wahn nicht, sondern übernimmt mehr und mehr die Kontrolle über Woyzecks Körper (bis er sich in Szene 27, nach einer Gefängnishaft und seiner Verhaftung / Verurteilung wieder besinnt).

4.1.2 Die Schuldfrage.
- Die eigentliche Intention Büchners war es den Leser / Betrachter (kreativ) anzuregen und zum Umdenken zu provozieren. Er stellt viele Fragen und übt damit eine gewisse Sozialkritik aus.
- **Die Frage nach der Zurechnungsfähigkeit Woyzecks.**
- Woyzeck wird als wahnsinnig dargestellt und somit jedweder Zurechnungsfähigkeit entzogen.
- Dennoch wurde der historische Woyzeck als zurechnungsfähig eingestuft.
- Zu dieser Zeit rückte das Prinzip der Willensfreiheit in den Fokus der Strafbetrachtung.
- Erst wenn der Handelnde in seiner Willensfreiheit eingeschränkt wurde, kann er als unzurechnungsfähig angesehen werden.
  - → Führte gerade in dieser Zeit zu vielen zweifelhaften Urteilen, so auch bei Woyzeck.
- Büchner stellt sich der Thematik und bringt seine eigene Meinung mit hinein, **Woyzeck sei unschuldig.**
- Vielmehr stellt Büchner das soziale Umfeld in den Vordergrund und spricht dem sozialen

Determinismus jede Schuld zu.
- Die gehobenen Schichten (Doktor, Hauptmann) unterdrücken Woyzeck und schränken seine persönliche Freiheit ein.
- Erbsendiät macht Woyzeck wahnsinnig und körperlich krank.
- Hauptmann spricht ihm jede Form der Moral und Tugend ab.
→ Wegen seiner Armut und mangelnden Bildung kann er nichts an seiner sozialen Situation ändern und ist den Höhergestellten schutzlos ausgeliefert.
- Damit stellt Büchner die Frage nach der Willensfreiheit allgemein.
- Als Radikaldemokrat sieht er die sozialen Bedingungen als ausschlaggebend für die menschliche Entwicklung an.
- Ein Mensch könne erst dann frei handeln, wenn er alle Möglichkeiten dazu besitzt und nicht nur, wenn er sich seines Verstandes bedient.
- Damit übt Büchner eine starke Gesellschaftskritik am feudalen System aber auch am Verhältnis der Wissenschaft zur Humanität.
- Das feudale System unterdrückt die Volksmasse und beleidigt den Heiligen Geist in jedem Menschen.
- Die Wissenschaft in ihrer unendlichen Gier nach neuen Errungenschaften missachtet jedweder Art der Menschen- oder Tierrechte.
- Büchner, welcher selbst eine Jakobinerrepublik befürwortete, wollte mit „Woyzeck" u.a. dazu aufrufen den Armen und Bedürftigen zu helfen, da diese aus eigener Kraft niemals den Kreislauf durchbrechen können.
- Erst wenn sich die Volksmasse vereint und gemeinsam gegen das System erhebt, könne die Situation grundlegend geändert werden.

4.2 Das Leiden des Woyzeck.
- In der modernen Literaturwissenschaft und Psychologie wird immer wieder die Frage nach Woyzecks Leiden behandelt und bearbeitet. Viele renummerierte Professoren und Doktoren arbeitete die verschiedensten Krankheitssymptome aus den Reinschriften und dem Clarus Gutachten heraus um diese mit modernen psychischen Erkrankungen anzugleichen und möglicherweise eine Übereinstimmung zu erzielen. Dabei muss aber auch Berücksichtigt werden, dass nur Doktor Clarus den „Inquisiten" persönlich medizinisch untersuchen konnte, weshalb seine Erkenntnisse den Ausgangspunkt vieler Forschungen bilden. Dabei sollte man sich vergegenwärtigen, dass auch er fehlerhafte Beobachtungen oder Schlussfolgerungen getätigt haben könnte, dass nicht all seine Vermutungen niedergeschrieben wurden und dass er mit den damaligen Hilfsmitteln und Erkenntnisstand nicht unbedingt in der Lage sein muss, alle Symptome ordnungsgemäß und ausreichen zu untersuchen oder gar zu entdecken.

- Mit diesen Faktoren im Hinterkopf betrachten wir an dieser Stelle die Aussage von Ernst Platner (1744-1818), ein damaliger Arzt und Kritiker des Clarus Gutachtens, welcher annahm, dass Woyzeck an der sogenannten **„Amentia Occulta"** gelitten haben könnte[12].
- Der Wahnsinn quält die Person von innen, tritt aber nicht zum Vorschein.
- Irgendwann ist die betroffene Person sosehr am Vernunftgebrauch und der Freiheit zur Selbstbestimmung gehindert, dass sie schwere Verbrechen begeht.
- Um diesen schwierigen Fall zu diagnostizieren, darf man nicht vergessen, dass sich gewöhnliche Kennzeichen offener Geisteszerrüttung nicht zeigen.
  - „Subjekt" ist weder in seiner Vernunft, noch in der Freiheit zur Selbstbestimmung gehindert; aus Scham wird sich Person „gewöhnlich" verhalten und innere Qualen verschleiern.
  - Plötzlich und unerwartet tritt der Wahnsinn in voller Stärke aus, die Dauer ist nicht abzusehen.
  - „Amentia Occulta" ist ein Ausdruck der Befreiung von inneren Drücken.

---

1 Vergleiche dazu „*Aufklärung, Band 19: Ernst Platner. Konstellationen der Aufklärung zwischen Philosophie, Medizin und Anthropologie*" (Herausgegeben von Guido Naschert und Gideon Stiening) (ISBN: 978-3-7873-1920-6), ab Seite 297
2 Ausführliche Encyklopädie der gesammten Staatsarzneikunde, Band 1 von Georg Friedrich Most, ab Seite 942

- Es gibt auch wissenschaftlich-psychologische Ansichten (Heinroth), dass „Amentia Occulta" überhaupt nicht existiere.
  1. Der Wahnsinn entsteht nicht beim Ausführen der Tat bzw. kurz davor, sondern ist bereits vorher vorhanden, aber nicht von der Außenwelt wahrgenommen worden.
  2. Anhand von Phantasien und Träumen kann der Wahnsinn diagnostiziert werden, die Vernunft ist zu diesem Zeitpunkt noch voll funktionsfähig.
  3. Die innere Zerrissenheit resultiert von einem wahnsinnigen Geist, weshalb es in der Verantwortung des Betroffenen liegt, sich untersuchen zu lassen bevor der Wahnsinn die Überhand gewinnt.

4.3 Die Deformierung Woyzecks zum Tier.
- Der Tambourmajor hat Woyzeck seine Geliebte geraubt, welche ihm als Einzige in einem menschlichen Umfeld hielt.
- Wird danach häufiger mit einem Hund vergleichen (19/7; 30/9-11), was seine Deformierung andeutet.
- Woyzeck lässt sich immer mehr von seiner „Natur" leiten (17/10; 19/10-11).
- Der Gipfel bildet die vollständige Fremdsteuerung von seinen Trieben (ausgedrückt in den fremden Stimmen) und dem folgenden Mord.

4.4 Woyzeck zwischen der Natur und der Tugend (bürgerliche Konventionen).
- Woyzeck setzt seine Natur mehrmals gegen bürgerliche Konventionen ein (17/10; 19/10-11).
- Er vertritt eine Generation, welche die französische Revolution, den Krieg, die Fremdherrschaft, Napoleon, die Restauration und Repression erfahren hat.
- Woyzeck wird vom Hauptmann unterdrückt (16/14-15), vom Doktor verachtet (19/33ff.), von Marie betrogen (18/1-8) und vom Tambourmajor seiner Männlichkeit beraubt (29/14-15).
  → Woyzeck ist ganz unten in der sozialen Hierarchie hinabgefallen.
  => Revolutionäres Element, dass Büchner den Niedrigsten ins Zentrum der Gesellschaft rückt.
- Woyzeck will „Gottes Auftrag" erfüllen, sieht es als seine natürliche Bestimmung an (31/13-16).
- Sieht die Natur als „kostenlos" gegeben, wohingegen man sich Tugenden durch Wohlstand erst „erwerben" muss (17/8-15).
- **Tugendbegriff für Goethe**: Von Bildung und Erziehung geprägtes Verhalten, welches Toleranz und Gleichberechtigung hervorbringt.
- **Tugendbegriff für Büchner**: Indikator des Besitzes, erlaubt das (gesellschaftliche) Unterdrücken von niederen Personen.
  => Die Natur (animalisch-ungezügeltes Verhalten) ist der Gegensatz zur Tugend (sittliches Verhalten).
- Grundsätzlicher Unterschied zwischen Dramen der Klassik und des Realismus.
  - Tugend ist ein Begriff der Aufklärung, Natur wurde erst im Sturm & Drang favorisiert.
- Die Natur entsozialisiert Woyzeck (Teilt Hauptmanns Tugend nicht (17/8-15) und verärgert den Doktor (19/10-11)), macht ihn aber auch lebensfähig (Liebe zu Marie).
- Woyzecks Natur ruft aus unbefriedigten Trieben und zerstörerischen Einflüssen die Stimmen hervor, welche ihm zum Mord an Marie antreiben.
  → Woyzecks Reden geben Aufschluss, dass er sich selbst als, von der Natur fremdbestimmt ansieht (31/13-16; 36/22-24).
  => Woyzecks doppelte Natur: Natürlichkeit und unausgereifte Triebhaftigkeit einerseits, andererseits aber auch der Wahnsinn.

4.5 Woyzecks soziale und gesellschaftliche Determination.
- Trennung in private Sphäre (Familie mit Marie und Christian) und gesellschaftliche Sphäre (Militärwesen und Dorfgemeinschaft).
- Woyzeck trennt diese Sphären strikt von einander, Marie lässt den Tambourmajor aber von der gesellschaftlichen in die private Sphäre eindringen (18/1-7) und bringt somit ein Ungleichgewicht hinein („Bote aus der Fremde" - Motiv).
  → Woyzeck verliert die mühsam aufrecht erhaltene Ordnung und Orientierung.
- Gründe für die Kriminalisierung Woyzecks:

1. Lösung und Auflösung bestehender Verbindungen.
2. Gesellschaftliche Beziehungslosigkeit (Diskriminierung durch Hauptmann und Doktor; Jude zeigt, dass es Gesellschaft egal ist, was mit Woyzeck passiert (30/4-5)).

4.6 Büchners „Fatalismus."

- Büchner behandelte die Frage, ob die Entscheidungen menschlichen Handelns frei bestimmbar oder determiniert seien.
- Dafür studiert Büchner das Schicksal und Verhalten vieler Menschen.
  → Seine Antwort ist unbekannt, aber im Woyzeck finden wir einen Charakter, welcher sein Schicksal beeinflussen hätten können.
- Wenn alles Handeln determiniert sei, entsteht eine pessimistische, nahezu nihilistische Resignation.
- Büchner drückt seine Hoffnung auf bessere Zeiten in einigen Briefen aus, weshalb man darauf schließen kann, dass sich der Fatalismus – für ihn – nur auf den Augenblick beschränkt.
- Betrachtet Gewalt / Revolution als einzige Möglichkeit der Veränderung, dennoch müsse man abwarten und nicht übereilt handeln.
  => Fatalismus beschreibt die Situation des Einzelnen, aber nicht die planerische Phase zwischen Geburt und Tod.
- Woyzeck vernimmt die Stimmen in seinem Wahn, hätte ihnen aber nicht Folge leisten müssen.
  → Deshalb stellt Büchner den Woyzeck als einen Getriebenen dar.

4.7 Rezeptionsgeschichte.

- Von der Uraufführung **1913** ist „Woyzeck" heute eines der meistzitiertesten deutschen Literaturwerke geworden → Rezeption ist enorm unterschiedlich und vielfältig.
- Deutung, Weiterführung und Entschlüsselung fasziniert viele Menschen.
- **1874** lehnte ein Chefredakteur einen Büchnerartikel ab, da sich dieser nicht an die literarischen Richtlinien gehalten hatte.
- Im **Naturalismus 1875 – 1938** wurde „Woyzeck" oft zitiert und im Theater gespielt.
- Selbst Hauptmann wurde von Büchner inspiriert.
- Wurde als Proletarierdrama und Drama der sozialen Deklassierung für eine soziale Revolution genutzt.
- Nach dem Ersten Weltkrieg erfuhr die Popularität Woyzecks einen deutlichen Schub.
- „Woyzeck" galt als Gleichnis für das schicksalhafte Leid auf der Welt.
- Woyzeck repräsentiert die sensiblen Menschen in einer gefühllosen, triebhaften Welt.
- Brecht nannte „Woyzeck" das beste Literaturwerk Deutschlands.
- **1920er** Biedermeier-Lesart des „Woyzeck" als typisch-deutsches Volksmärchen entsteht.
- **1923** entstand der Büchner-Preis und wird bis heute verliehen.
- **1925** komponierte Alban Berg die Oper „Wozzeck."
- Im NS – Reich wurde das Werk nicht verboten, da sozialkritische Auslegung als „Missverständnis" abgetan wurde.
- „Woyzeck" wurde als schauriges Märchen in Kontinuität der deutschen Tradition gesehen.
- Nach dem Zweiten Weltkrieg wurde es wieder regulär als Standardprogramm in Theatern aufgenommen.
- Viele Interpretationen und Auslegungen entstehen und prägen das Bühnenbild bis heute.

BEI GRIN MACHT SICH IHR WISSEN BEZAHLT

- Wir veröffentlichen Ihre Hausarbeit, Bachelor- und Masterarbeit

- Ihr eigenes eBook und Buch - weltweit in allen wichtigen Shops

- Verdienen Sie an jedem Verkauf

Jetzt bei www.GRIN.com hochladen und kostenlos publizieren